GEI® 长城战略咨询
GREATWALL STRATEGY CONSULTANTS
长城智库丛书

U0900436

场景，未来创新的驱动力

黄 波 朱志华 著

科学技术文献出版社
SCIENTIFIC AND TECHNICAL DOCUMENTATION PRESS
·北京·

图书在版编目（CIP）数据

场景，未来创新的驱动力 / 黄波，朱志华著. 北京：科学技术文献出版社，2024. 6（2025. 9重印）. --（长城智库丛书）. -- ISBN 978-7-5235-1461-0

Ⅰ. F279. 23

中国国家版本馆 CIP 数据核字第 2024W8F658 号

场景，未来创新的驱动力

策划编辑：秦　源　　责任编辑：张瑶瑶　　责任校对：王瑞瑞　　责任出版：张志平

出 版 者　科学技术文献出版社
地　　址　北京市复兴路15号　邮编　100038
出 版 部　(010) 58882909，58882087（传真）
发 行 部　(010) 58882868，58882870（传真）
官方网址　www.stdp.com.cn
发 行 者　科学技术文献出版社发行　全国各地新华书店经销
印 刷 者　北京厚诚则铭印刷科技有限公司
版　　次　2024 年 6 月第 1 版　2025 年 9 月第 3 次印刷
开　　本　787 × 1092　1/16
字　　数　164千
印　　张　10.5
书　　号　ISBN　978-7-5235-1461-0
定　　价　49.00元

版权所有　违法必究

购买本社图书，凡字迹不清、缺页、倒页、脱页者，本社发行部负责调换

“长城智库丛书”编委会

主　编：武文生　刘志光

副主编：赵慕兰　陈文丰　王奋宇　王志辉

编　委：王　瑛　黄　波　赵荣凯　曹善平

程淑红　马宇文　周　涛　郝　坤

江锡军　袁硕平　吴　勇　王　涛

孔伟强　高程程　王　丹　邵　翔

吴　炜　程　宏

推荐语

场景创新是推动新质生产力发展的“新打法”。合肥正在打造“全域场景应用创新之城”，主要的考虑是以“场景”为切口，坚持“为技术找场景，为场景找市场”，推动多元主体开放合作，驱动科技成果转化和产业化，“引爆”新产业、新业态，让城市成为更多科技成果转化的试验场、首用地，全面提升城市的创新活力和产业竞争力。

在开展全域场景创新的过程中，长城战略咨询为合肥市提供了重要的支持，本书正是他们研究成果和实践经验的深入总结。期待本书能够让更多的读者了解场景创新的价值、规律和做法，也欢迎全国的科技创新企业来合肥共创新场景。

合肥市委副书记、市长　罗云峰

我国具有超大规模市场、海量数据资源、实体经济厚重、应用场景丰富、创新创业活跃的独特优势，借助场景、市场及科技创新，已经有许多独角兽企业获得了成功。在新一轮科技革命和产业变革的时代方位背景下，如何找准场景，用新技术创造独特的应用？这是中国创业者需要思考并积极深挖的重要问题。本书为技术创业企业提供了一种实现爆发式成长的新思路——场景驱动的创业。

盛景嘉成投资管理有限公司合伙人、科技部火炬中心原副主任　杨跃承

《场景，未来创新的驱动力》一书提出了一个十分重要的概念：场景是一种全新的创新资源，而且是市场和政府均可通过正确方式有效配置和利用的资源。作者围绕这一全新概念，建立了相对完整的场景创新驱动理论，并且从理论与实践相结合的角度，为企业和产业指出了通过场景创新提升能力的发展路径，为政府如何运用场景创新来全面提升城市创新能力提供了全新的政策理念和可操作的政策工具。在当下各级政府均把培育新质生产力、发展新动能作为重要职能的新阶段，书中许多观点都会对决策者有启发和借鉴意义。

中关村科技园区管委会原专职委员、北京市长城企业战略研究所特聘顾问　赵慕兰

场景创新是一个闭环体系，不仅需要发掘有效的需求，而且需要广泛的对接，更需要全方位、深度的专业促进服务，以最终实现企业孵化、新赛道培育的目的。北京、合肥等城市已经先行一步，正在实现场景创新的闭环。本书系统总结了多个城市的场景实践，提出了场景促进工作的方法论，为城市场景工作提供了详细的指导。

北京市科委原副总工程师、北京市长城企业战略研究所特聘顾问　王瑛

“长城智库丛书”总序

长城战略咨询（GEI®）创立于1993年8月，是伴随着中国改革开放进程成长起来的咨询机构，是中国新经济研究、咨询与服务的先行者，是着力构建以新经济发展规律为认知基础的、为各类决策者提供咨询服务的专业智库。立业30年以来，我们根植中国本土，基于对科技的社会与经济功能、政府与市场间协同的深刻把握，形成了对新经济的敏锐感知、独立思考和深刻洞见。我们有一支高素质的咨询师队伍和庞大的专家顾问网络，有丰富的行业数据库、咨询案例库和领先的咨询方法论。

长城战略咨询（GEI®）一直致力于新经济知识的积累、传播与共享，践行“知行合一，惟新守常”的文化理念。我们先后出版过多部著作，并主持编撰有“创新中国研究系列丛书”（山东教育出版社）、“创新战略研究丛书”（广西人民出版社）和“长城智库系列丛书”（金城出版社）。在长城战略咨询（GEI®）成立30周年之际，我们推出“长城智库丛书”系列著作，以期展示长城战略咨询最新的智力成果，推动当代中国新经济伟大事业的发展。

“长城智库丛书”编委会

2023年7月

序一

场景创新：架起前沿技术与市场之间的桥梁

在科技日新月异的今天，着力发展新质生产力已经成为政府、科技界和产业界共同关注的焦点。一直以来，各界在不断探索科技创新成果高效转化的有效途径。既有科技界的“先研发后转化”的线性模式，也有产业界的“以产品开发需求驱动技术研究”的模式。这些模式在特定环境下，均发挥了积极的作用。在当前推动高质量发展的战略需求下，迫切需要进一步探索发展新质生产力的新模式和新途径。

《场景，未来创新的驱动力》一书总结了一种新的创新方式——场景创新。作者认为，场景创新是一种围绕创意而展开的联合创新模式，强调新技术应用方和提供方之间的紧密互动。通过共同构建应用场景，双方可以共同研发满足市场需求的新产品、新服务和新解决方案。这种“共时性”的创新模式，能够显著提高创新效率，加速技术的商业化进程。

本书不仅从理论上阐述了场景创新的概念和价值，还通过大量生动的案例展示了场景创新在不同领域的应用。无论是人工智能、自动驾驶，还是智能制造等高新技术领域，场景创新都能发挥重要作用，加速新技术向生产力的转化，促进科技企业的成长、新兴产业的生成和传统产业的转型。此外，本书还介绍了北京、合肥、佛山等城市通过场景创新促进城市创新能力提升的案例，这些城市的实践为其他城市提供了宝贵的经验。

场景创新的落地需要开放、协同、共享的创新微生态，需要政府、场景机会提供方、技术能力提供方、资本等创新要素的共同参与。因此，形成对场景创新的社会共识十分必要。《场景，未来创新的驱动力》正是一部能够发挥开拓思路、形成共识的重要著作。它不仅为企业的创新战略提供了新思路，也为政府部门制定科技创新政策提供了有力的参考。更重要的是，本书深入分析了场景创新发挥作用的过程。通过阅读本书，我们可以了解到场景创新是如何从一个创意萌芽，逐渐发展为一个完整的创新生态系统的。

《场景，未来创新的驱动力》是一本值得一读的好书，它将有助于我们更好地理解和把握场景创新的作用，在新一轮科技革命和产业变革中把握关键的机会。

科技部高新技术司原司长

秦　勇

序二

场景创新加速催生新质生产力

党的二十届三中全会提出，要健全因地制宜发展新质生产力体制机制，推动技术革命性突破、生产要素创新性配置、产业深度转型升级，推动劳动者、劳动资料、劳动对象优化组合和更新跃升，催生新产业、新模式、新动能，发展以高技术、高效能、高质量为特征的生产力。

场景是新技术的创造性应用，场景创新能够带动技术迭代突破和产业转型升级，作者在《场景，未来创新的驱动力》一书中深入探讨了场景创新模式在促进技术突破、产业升级、创新要素配置方面的关键作用，提供了一种将科技创新成果加速转变成新质生产力的实践路径。

场景创新最早源自科技企业的实践，它们在发展过程中需要找到新技术的应用场景，以实现商业的成功，进而推动技术产品迭代升级。这种以场景为切口带动技术和商业双爆发的创新方式带来了一种新的创新范式——场景驱动的创新。

一方面，场景创新能够为企业的新技术新产品提供“看得见摸得着”的真实验证环境。通过这些真实的应用场景，企业能够证明技术产业化的可行性，形成首试首用的商业案例，加速技术产品的“熟化”与市场拓展，进而加快新兴产业的发展。

另一方面，场景创新为传统产业的升级改造提供了新的思路和方法。在传统产业中，大企业通过开放生产制造、仓储物流、产品研发等环节的真实需求，引入外部科技企业的创新产品和解决方案，可以显著改善工作环境，提升生产运营效率，进而形成新产品、新工艺、新模式，为传统产业升级注入新的动能。

此外，在场景创新的过程中，科技企业、传统企业、政府、投资机构等多方主体共同参与，能够形成一个紧密合作的创新生态系统，各方通过资源共享和协同创新，共同推动新技术的应用和产业化。这是一种新的生产要素配置方式，让各类先进优质生产要素向新质生产力的生成顺畅流动。

当前，场景已经成为政府和企业反复提及的概念，但如何正确认识场景，如何开展场景工作，各方的认知还难以达成一致。《场景，未来创新的驱动力》为我们提供了理解场景创新规律的深刻洞见和鲜活案例，为希望开展场景创新工作的政府机构和企业提供了重要的指导和方法。这本书不仅是对中国式创新路径的探讨，也是在新技术创新日益加速、新技术与实体经济融合日益深化形势下探讨创新规律的重要作品。

书中的许多观点和案例来源于长城战略咨询多年以来对创新的研究和咨询的实践经验。作为一家市场化的智库和咨询机构，长城战略咨询长期以来坚持“知行合一”的理念，通过前瞻性的研究指导咨询实践，同时在咨询实践中完善创新方法论，本书正是其最新研究成果的展现。

我相信《场景，未来创新的驱动力》一书将为读者提供宝贵的启示和指导，助力我们在全球新一轮科技革命和产业变革深入发展的大背景下，更好地把握未来发展机遇。

中国科学技术发展战略研究院原院长、二级研究员

胡志坚

前　言

场景创新是一种新的创新范式，它源于新经济科技企业的实践，但其作用范围却远远超出企业的层面，这是一种具有全局影响力的创新范式。场景创新范式能够改变科技企业的成长轨迹，也能够为培育新兴产业和推动传统产业转型升级提供新的路径，更为重要的是，场景创新范式能够帮助城市发掘十分重要的创新资源——场景，开发这种资源将有助于城市培育具有内生动力的创新生态，这是城市发展新质生产力的重要路径。

长城战略咨询从2007年开始系统研究场景创新现象、规律和工作方法，也将场景创新范式运用于咨询服务，帮助许多科技企业和地方政府实现了创新的突破。在此过程中我们发现，虽然场景的重要性已经被各方感知，但是场景创新的内在规律和科学工作方法还远未得到系统的研究，只有少数具有远见卓识的城市政府启动了系统的场景工作，而且在实践中也有许多对场景创新范式的误读和错误的工作方法。作为一种新经济创新范式，场景创新巨大的价值还远未被发掘。这正是本书选题——场景，未来创新的驱动力——的初衷，希望通过本书的讨论和分析，能够激发各方对新范式的重视和普遍实践，让场景创新真正成为新经济时代创新体系的关键支撑。

基于长城战略咨询的研究和咨询服务实践，本书将从8个方面讨论场景创新范式。第一章介绍了场景的由来，以及由此发展而成的创新范式，——即场景创新，场景创新的关键特点在于：新技术的创造性应用、供需联动、商业与技术双促进；第二章介绍了重要的场景分析工具，——即场景创新导航图，场景创新导航图是基于“DT场景创新体系”绘制的场景创新图景，能够指引科技企业、行业企业和政府发现场景创新的方向；第三章指出了一种新的创业方法论，即以开发有爆发力的场景作为战略目标的创业模式，这种模式对于许多技术见长的科技企业尤为重要；第四章讨论了新场景促进新技术发展成为新兴产业的内在规律，重点分析运用场景创新范式培育新兴产业的关键点：有创新力的企业、关键性产品和商业化应用场景；第五章从行业企业的角度分析了场景创新的价值，如果能够用好场景创新范式，行业企业将能够成为行业创新的主动引领者；第六章讨论了场景创新范式的另一个重要价值，即通过场景创新机制能够把投入巨大的数字城市建设工程，以及类似的工程类项目，在一定程度上转换为培育新经济的试验场和孵化器；第七章从城市政府的角度提出了一个重要的论断和方法论，即场景是关键性的创新资源，城市处处皆场景，如果能够科学有效地开发场景资源，建立场景创新闭环体系，这将是对实现城市创新发展目标最重要的助力；第八章对全国各地城市的场景工作进行了概览，并且深入介绍了北京、合肥、成都、佛山等城市开展场景工作的案例，这些城市是场景工作的先行者，得失都值得仔细研究。

应该客观地认识到，场景创新是一种处于发展过程中的创新范式，理论界和业界的研究与实践均处于起步阶段，本书的观点和讨论也不免存在许多需要进一步完善之处，但是众多科技企业富有进取心地开发各种新场景让我们获得了足够的信心，相信场景创新是体现新经济内在特征的创新范式，场景创新将会在很大程度上促进科技与产业的融合，从而给新经济带来一片广阔的发展空间，我们也相信，随着长城战略咨询关于场景研究和实践的深入，场景创新将成为企业和政府更加普遍的实践。

目　录

第一章
场景创新，一种创新新范式

一、场景的兴起

场景（scenario）一词最早源自于戏剧和影视领域，指一个特定的地点或环境，人物和故事演绎其中，好的场景有利于展现人物的个性和故事的主题。随着新技术创新浪潮的兴起，科技企业给“场景”一词注入了新的内涵。

2017年前后，一批人工智能企业开始频繁使用“场景”一词。因为他们发现，使用“场景”这一概念能够更好地向客户和投资人解释他们正在使用人工智能技术做什么，将能够创造什么价值。例如，有些企业在开发“人证匹配场景”，通过人脸识别技术比对持证人与证件是否匹配；有些企业考虑让人工智能识别医学影像中的病变特征，帮助医生更快地完成诊断，他们在开发“AI医学影像分析场景”；还有些企业将人工智能识别技术应用于工业生产检测场景，以此提升工业生产的效率。

当第一批人工智能初创企业在2022年前后启动IPO时，“场景”的表述已经普遍出现在其招股说明书中，许多企业都认为场景在其成长过程中发挥了重要的作用。经由人工智能企业的导入和普及，“场景”逐渐进入了科技企业主流的话语体系，大批的科技企业开始思考“场景”对他们的价值。这些新技术科技企业不仅专注于新技术产品的开发，而且更加关注于开发新技术的不同用途，他们希望通过开发新技术更有价值的用途，实现企业的增长。

这一看似简单而自然的转换带来了创新范式的转变。由于创新主体行动模式的转换，“场景”带来了创新规律和创新体系的转变，新兴产业的发展规律、传统产业技术升级路径，甚至城市的创新体系，也因此发生变化。这将是本书研究的重点。

二、创新的范式演变

熊彼特在其开创性的著作《经济发展理论》中指出，企业家所推动的一波接一波的创新是资本主义发展的基本动力。企业家经由“创造性破坏”，通过创新活动淘汰落后的企业和行业，从而推动经济的迭代升级。企业家在“创造性破坏”的实现过程中发挥了核心作用，他们通过开创新产品、采用新生产方法、开拓新市场、发现新供给渠道，以及实现新的组织形式等方式重新组合生产要素，在原有的经济体系中引入创造性的破坏因素，从而打破原有经济的均衡状态，通过不断创新推动经济永不停歇地向前发展。

如何快速地将新的科技发现转换成商业化的产品或服务，也就是技术商业化，是企业实现成功创新的关键性问题。自从工业革命以来，企业所采取的技术商业化模式经历了多次的变化。

早期的企业创新来自于将工程师的经验或者偶得的发现转变成商业化的发明，那是个人发明家建功立业的时代，蒸汽机、内燃机和电报的发明都是源自这种模式。爱迪生将个人的探索转变成为有组织的研究开发工作，1900 年成立的通用电气研究院开创了企业组建研究院开展系统性产品研究开发的先河。在 20 世纪早期，科学界的研究发现和产业界的创新之间缺乏紧密联系，科学界的发现难以及时转化成对产业创新的指导，而产业创新发现在很大程度上源自于产业界的知识积累。

第二次世界大战后，科学发现成为企业创新重要的源泉和基础。布什开创性的报告《科学：无止境的前沿》认为，技术创新遵循科学研究、应用开发、产业化开发的顺序步骤。为了能够为企业创新提供源源不断的动力，美国联邦政府大规模支持大学和科研机构的基础研究。业界普遍认为，美国战后的长期经济繁荣在很大程度上得益于政府长期支持基础研究所获得的科学成果。例如，支撑电脑、互联网大规模商业化的基础技术即来自美国支持的早期基础研究成果。与此同时，大企业也通过内部研究院开展了大量的基础研究，他们认为虽然基础研究耗资巨大且无法在短期内获得收益，但是基础科学知识的拓展和专有知识的开发，将有助于企业开发颠覆性的商业产品，加强竞争壁垒。贝尔实验室就是其中的标杆，除了有 5 位贝尔实验室的科学家获得诺贝尔奖，其基于科学发现所开发出来的晶体管、激光器也成为那个时代极具颠覆性并且获得巨大市场成功的产品。通过投资基础科学研究来促进产业创新，成为信息时代到来前最为重要的企业创新模式。

到了 20 世纪 80 年代，集成电路、互联网、个人计算机（PC）等信息技术和产品将世界带入信息时代后，开发突破性新技术的风险日益攀升，即使实力雄厚的大企业也难以独立完成，由此催生了多种外部创新模式，以此来分散风险、整合资源，提高了新技术商业化的效率。

第一种新现象是企业与工业技术研究院联合开发新技术。工业技术研究院是连接科学研究和众多科技小企业的中间桥梁，政府设立工业技术研究院的目的是加速研究成果向产业的转移转化，德国的弗劳恩霍夫研究所、中国台湾的工业研究院是其中的典型代表。工业技术研究院大幅降低了新技术向中小企业扩散的时间和成本，著名的联华电子、台积电即是台湾工研院技术服务的成功案例。

第二种新现象是出现了由科研机构、科技初创企业和大企业相互合作的“接力创新”模式。这种模式经常出现在新药研发领域，一般由科研机构完成靶点发现、药物机制发现等基础性研究，后转由新药初创企业完成候选药物的早期开发，最后通过联合开发、授权转让或者收购等方式，由有实力的制药大厂完成最后的临床试验、监管认证和量产能力开发。这种“接力创新”模式解决了创新管道中不同阶段资源瓶颈和能力瓶颈难题。

第三种新现象是大企业逐步采纳开放式创新模式。开放式创新模式能够打开企业的创新边界，打通企业内外的创新资源，配合创业孵化模式，帮助大企业培育新的业务增长点，由此破解大企业所面对的创新窘境。克莱顿·克里斯坦森的《创新者的窘境》和亨利·切萨布鲁夫的《开放式创新》对此进行了深入的剖析。

无论是设立工业技术研究院，或是推动大企业采用开放式创新模式，其出发点都是希望建立更为顺畅的从科学发现到产业应用的转化通道。面向场景的创新进一步丰富了技术商业化的路径，通过瞄准新技术的创造性应用，也就是场景，企业家可以更有效地配置资源，加速创新要素的积聚，更快地达成技术商业化目标。我们将面向场景的创新模式称为“场景创新”。

三、场景创新的基础

场景创新的大规模兴起得益于3个重要的外部条件：一是不断涌现的通用技术，开辟了巨大的创新空间；二是大量的开放技术体系，大幅降低了新技术创新的门槛；三是更加友好的创业环境，使得创业企业得以成为开发新技术应用的主角。

每次通用性技术突破，都会带来巨大的创新浪潮，由此带来经济社会的巨变，蒸汽机、电力、互联网都是这样的变革性力量。从宏观上，这些通用技术带来了生产方式的巨大改变、全要素生产率的全面提升，以及生产生活方式和社会结构的深刻变革。从微观上，这些通用技术带来了无数的新发明产品，如电灯泡、留声机、电报、电话、电视等，这些产品创造了巨大的社会价值和财富，成就了众多的伟大企业。

社会普遍认为，我们正在经历新一轮通用技术大量出现的时代，一马当先的就是人工智能技术，区块链技术、新能源技术、机器人技术也被认为是具有潜力的通用技术。这些新的通用技术为当代的创业者、企业家提供了创造新事物、改变世界的武器，使他们有可能基于这些史无前例的通用技术开发富有想象力的新应用。更为重要的是，许多通用技术是以开放技术体系的形式出现的。

从数字技术的发展历程看，在早期，计算机系统的设计方案、软件的代码被认为是需要保守的商业秘密，或者需要缴纳费用获得授权才允许使用，技术的持有者力求建立封闭的技术体系。随着数字技术的日益普及，出现了一群认为代码应当无条件公开和共享的黑客先锋。开源运动始于20世纪70年代，当时出现一批自称为“黑客”的技术先锋，他们通过巧妙的设计，利用当时相当有限的计算机能力解决了颇有难度的问题。他们秉承这样一种价值观，即解决问题的思路（表现为源代码）应该被全社会所分享，不应该作为商业秘密予以保护。他们认为，共享的范围不仅包括他们自身编写的代码，而且所有商业软件的代码都应该共享。1984年，GNU正式成立，并发布通用公共许可证协议（GPL），标志着开源运动形成了正式的组织。随着20世纪90年代开源Linux体系的成熟，全球性的开源生态逐步形成。经过多年的发展，开源模式已经成为一种成熟的商业模式，许多Linux发行商、云计算服务商都利用开源模式获得了成功。

场景，未来创新的驱动力

很难简单地评判开源和闭源这两种体系的优劣，但是，不可否认的事实是，每一次新技术、新浪潮的出现，都会伴随着相互竞争的开源和闭源体系。例如，在操作系统领域，出现了 Windows（闭源）和 Linux（开源）之间的激烈竞争；在大数据领域，传统的闭源解决方案 Oracle 与开源的 Hadoop 展开了竞争；而在人工智能领域，闭源体系的 Apple Core ML 和 Google 的开源 TensorFlow 之间也出现了激烈的竞争。

这些竞争不仅推动了技术的发展，也为用户提供了更多的选择和创新的可能。就总体趋势而言，开源模式正在取得更大的优势，并向更广阔领域渗透。例如，在新一轮人工智能创新浪潮中，开源生态已经取得了全面的优势，几乎所有有影响力的基础架构都建立在开源模式之上；在芯片设计领域，开源架构体系 RISC-V 已经成为 x86 等闭源指令集的有力挑战者；在 BT（生命科技）领域，也呈现越来越明显的开源开放趋势，近期被发现的基因编辑系统 CRISPR-Cas9，以及相关的试剂、酶和工具都可以低成本获得，由此引发了全球性的基因编辑创新大浪潮。开源开放的技术体系打破了原本由大企业把持的技术壁垒，为全球的创新者提供了低成本、容易获得的基础技术，由此引发了创新的大爆发。

尽管采用闭源体系的企业更有希望获得超额的利润，但从全社会的价值层面考量，提供开源体系的企业或机构对于增强整个社会的创新能力起着更为重要的作用。开源大幅降低了应用新技术的难度和成本，使得更多企业能够利用新技术创造出各种新场景。这一过程不仅促进了技术创新，还为社会带来了更多的福祉。

开源开放的技术体系，打破了专有技术所建立的知识产权壁垒，显著降低了应用新技术开发各种新应用的难度，使得运用新技术创造各式各样的新应用成为比较简单的事情。有抱负的科学家、创业者和企业家可以更容易地通过组合现有的技术或进行适当的改造，开发新的应用，由此带来场景创新的蓬勃发展。

开源开放的技术体系为大规模的场景创新提供了技术条件，更加友好的创业环境则为场景创新提供了商业的基础，使得创业企业得以成为创新的主角。

追溯新技术商业化的历史，对经济社会具有重要价值的改变绝大部分都源自初创企业的创新，而且这一趋势将会更加显著。从英特尔带来的集成电路，到苹果带来的个人电脑，再到谷歌带来的全球互联网新时代，这些前沿技术的商业成功无一不是由初创科技企业为主导推动的。克里斯坦森的《创新者的窘境》对这种现象进行了准确的预测：面对颠覆性的创新浪潮，那些已经成为市场主导者的大企业往往不会成为创新的引领者，与许多人认为的相反，他们更容易成为被创新浪潮颠覆的对象；而那些看似弱小且没有太多行业背景的初创企业，因为没有包袱，所以在面对新技术浪潮时，更有可能冒着风险大胆尝试新技术和新的商业模式，从而有可能成为激烈竞争的胜出者。

大量的案例表明，在一种新技术出现时，最先行动起来的往往是那些初创企业。原因之一，——是初创企业更有条件承担创新的风险，在开放的技术体系下，能够快速将新技术的创意付诸实践，并且通过不断试验而对创新的方向进行快速调整；原因之二，——是创业的成功将会带来巨大的成就，在鼓励创业的商业环境中，在创新的早期阶段，初创企业更容易获得风险资本和高端人才的青睐，能够汇集更多的资源；原因之三，——是虽然单个初创企业在研发、资金和资源方面可能不及行业领头企业，但作为一个群体，它们在数量上占优，能在多个方向探索新技术的潜在应用。从长远来看，作为一个群体，初创企业更有动力和能力将新技术商业化。在场景创新体系中，因为需要面对风险，探索各种可能的新技术应用，初创企业相比成熟的大企业，拥有更为有效的创新组织形式，更加适合场景创新。

随着硅谷创业模式获得巨大的成功，国家和大批私营企业投入大量的资金支持初创企业的发展，这形成了相当友好的创业环境。大批的初创企业得以具备技术条件和商业条件开展不同方向的场景创新探索，由此出现了蓬勃发展的场景创新局面。

通用技术、开放体系和活跃的创业生态，既是场景创新兴起的基础条件，也是场景创新能够发挥更大作用的前提条件。人工智能、人形机器人、元宇宙等技术体系开放且创业友好的领域，场景创新将更为活跃。换一个角度，如果希望场景创新发挥更为重要的作用，则需要创造合适的条件，允许初创企业运用新技术创造更多的可能。

四、场景的生成过程

场景生成过程是科技企业将新技术转变为有商业价值的应用的过程。在这一过程中，科技企业是场景创新的主体，创意是场景创新的起点，最终的目标是将新技术的创造性应用发展成为具有商业价值的新产品、新服务或者新的解决方案。

要实现场景创新的目标，科技企业除了需要获得必需的资本、人才、技术等创新要素外，还特别需要获得新技术应用需求方提供的“场景机会”。这是场景创新区别于其他创新模式的关键特征。场景机会不仅有助于新技术和产品的验证，而且还能将需求方的知识和产业资源整合到创新流程中。

政府在场景生成的初期扮演着至关重要的“初始推动者”角色，通过早期应用示范帮助各方更准确评估新场景的价值。同时，市场化创新促进机构也是场景创新重要的促进角色，这些机构从商业、技术和资源汇聚的角度出发，协助各方更好地在场景中合作，提升创新成功率。

此外，场景的生成是生态化创新的成果，其中科技企业（新技术提供方）、新技术应用需求方、政府、投资者和创新促进机构共同构成了一个紧密相连的创新联合体，每个参与者都发挥着自己的独特作用和能力。简而言之，相比其他的创新模式，场景机会是场景创新的关键要素，而生态化创新是场景创新的动力机制。

通常情况下，场景从创意开始，到最终的商业落地，将经历从启动到风口，然后再到优势者胜出和行业逐渐成熟的发展阶段。在启动期，少数具有前瞻性的企业首先识别到新技术应用的潜力并率先行动；紧接着是风口期，此阶段将会出现创新的大爆发，大量科技企业纷纷进入市场，资本开始大量投入，政府亦提供强有力的支持，企业积极开发满足场景需求的新技术及有爆发力的商业模式；随后进入淘汰期，这一阶段有竞争力的企业将逐步胜出，新场景发展的方向和配套的商业模式将清晰；最后是成熟期，新场景在此阶段实现商业化，商业模式趋于成熟，并吸引了大量买家，这个阶段通常伴随着一些企业的上市。

新场景成功落地通常引发变革。大多数场景能够提升现有产品的性能或带来生产效率的显著改进，这是产品级或效率级的场景创新。例如，AI 在质量监控上的应用能显著提高生产线效率，并减少对劳动力的依赖。更具变革性的场景则能引发产业层面的变化，带来新的产业组织模式或创造全新产业，这是产业级的场景创新。例如，各种新型储能场景的落地将会极大加速绿色能源产业的成熟。最具影响力的是社会级的场景创新，它们能够改变整个经济社会的发展轨迹，如 ChatGPT、SpaceX 的星际火箭等。

新场景在带来效率或产业组织变革的同时，也会带来新兴产业的生成。因为在新场景的后面，需要新的产品、新的装备或者一整套技术体系予以支撑，以这些新产品为牵引，还将衍生出新的产业链，以及支撑性的产业服务生态。由此，随着新场景的大规模应用，新技术得以从一个应用，逐步扩展为一组产品、一个产业链，甚至是一个新产业生态。以储能技术为例，其场景落地将推动储能产品的成熟，进而促进储能产品上游的材料、元器件、制造供应链的发展，以及下游应用生态的壮大。场景大规模落地的过程也就是新产业生成的过程。

五、场景创新范式

2022年7月，科技部等六部门联合印发《关于加快场景创新以人工智能高水平应用促进经济高质量发展的指导意见》，文件认为，场景创新是以新技术的创造性应用为导向，以供需联动为路径，实现新技术迭代升级和产业快速增长的过程。这个定义指出了场景创新的关键特征。

首先，场景创新是面向细分需求的创新。通常而言，某种新技术的用途可能会有无数种，场景创新就是运用新技术和新技术组合以满足细分需求的创新。技术商业化是不断满足越来越细分领域需求的过程。例如，20世纪早期，在福特汽车称霸市场的时代，福特公司追求的主要目标就是降低T型车的生产制造成本，创新活动均是围绕单一产品而展开的。随后崛起的通用汽车公司，以及第二次世界大战后成为全球第一的丰田汽车公司则转变为围绕多个拳头产品开展创新。而在今天，造车新势力进一步将创新的方向细分，面向不同场景的用户需求，推出不同的汽车产品。这种转变，既是市场的竞争要求，也是新造车技术提供的全新可能。从市场竞争的角度，足够大的中国市场上，瞄准任何一种场景需求的车型，都有可能成为获得市场成功的爆款产品，如奶爸车、通勤车、网约用车等。与此同时，从技术能力的角度，新能源汽车大幅降低汽车产品结构和生产制造的复杂度，这使得新能源汽车企业可以快速开发出面向特定场景的产品，而且即使在小规模批量的生产条件下，也可以获得不错的商业收益。大多数的新技术领域，特别是数字技术领域，都出现了类似的转变，市场需求和技术能力都产生了前所未有的细分趋势，足以让瞄准细分场景的创新也能够给企业带来不错的商业回报。因此，场景创新拓宽了企业创新的思路和空间，让企业家可以瞄准更加细分的场景需求，同时，市场空间也足以容纳更多的场景创新企业。

其次，场景创新是企业家逐步发现新技术用途的过程，也是技术（T）与应用需求（D）相互发现与结合的过程。企业的创新过程通常可以分为两种：一种情况是，先有了一定的技术基础，然后为这种新技术寻找恰当用途，大多数的人工智能创业企业都属于这种类型，能否找到好的应用场景决定了企业能否具有更大的可能性获得成功；另一种情况是，企业家想出一个好的创意，然后为这个创意寻找可行的技术或者技术的组合，iPhone的发明就属于这种情况，乔布斯将许多原本无关的新技术整合到一起，创造出了具有颠覆性的iPhone。无论是哪种路径，企业家都需要组织资源，面向应用场景需求，不断地完善技术，快速迭代开发产品或服务，以及相配套的商业模式。

场景导向的创新给以新产品开发为主线的企业创新体系带来了挑战。一方面，这种创新策略要求企业将用户在各种环境下的优质体验或应用需求视为创新的核心目标。与之相对的是，产品成为实现这些优质体验的手段，而非终极目标。另一方面，此变化意味着企业必须具备快速迭代的开发能力，这是因为在产品开发初期很难精确定义所追求的优质体验，需要在开发过程中不断完善产品的能力或性能，以快速逼近好的体验目标。即便是富有创新精神的企业，如苹果，也需要通过多轮产品迭代不断优化用户体验。因此，场景创新是一个快速迭代的探索过程，在此过程中，企业不断打磨产品，以实现好的体验，满足场景应用需求，也有可能在此过程中发掘出新的应用场景，从而提升新技术的应用价值，这是一个不断推动技术（T）与应用需求（D）相互发现、相互结合的过程。

再次，场景创新是供需联动的创新过程。来自新技术能力提供方（T方）和新技术应用需求方（D方）的互动式联合创新，可以在很大程度上加速技术与应用需求的融合，达成场景创新的目标。供需联动，这是场景创新的基本特征，也是场景创新打破企业边界，实现外部知识、资源融合的关键机制。在《创造知识的公司》一书中，野中郁次郎深入探讨了一种高效的能够融合跨界知识的创新模式。他展示了松下电器创建一个包括工程师和面包师的跨领域团队，成功地将两个领域的隐性知识结合，研发出自动面包机的案例。该案例清晰地展示了通过业务和技术团队的合作，不同领域的知识、跨界资源及创新元素可以被有效整合，从而促进创新的发生。

场景创新将野中郁次郎描述的这种供需联动机制拓展到了机构之间，面向场景的创新给参与各方提供开展联合创新的具体目标和载体，让新技术的能力提供方和应用需求方，围绕应用场景的创建，提供各自的知识、资源和人才，让行业的知识、资源与新技术领域的知识、资源更好地融合在一起，达成跨界创新的目标。相比由单个企业独立开展的“封闭式”创新模式，场景创新能够打开企业的边界，整合不同领域的跨界知识和资源；相比“管道式”创新模式，场景创新能够减少创新所需的时间，将原本需要层层递进的“历时”创新，转变成将所需资源同时集聚在一起的“共时”创新。

最后，场景创新是“技术与商业双提升”的创新过程。场景创新是一种技术的商业化创新过程，实现技术的商业化应用是场景创新的基本目标，在此过程中，为了满足场景应用需求，企业家需要不断提升技术、打磨完善产品。技术与商业的提升在场景创新过程中是同时发生的，将会同时达到。场景创新的目标，既不是纯粹的科学发现，或关键技术的突破，也不是成熟技术的大规模应用，而是推动那些即将成熟却还没有实现大规模商业应用的新技术进入爆发的转折点。场景创新的关键在于找到这些技术的最佳应用场景，通过实际应用的测试和优化，推动这些技术跨过商业化的门槛，达到广泛应用的爆发点。这个过程涉及对市场趋势的敏锐洞察、对用户需求的深刻理解，以及对技术潜能的准确把握，要求企业能够灵活调整策略，快速响应市场变化。

六、场景创新生态

区域创新理论认为，创新是一个地理区域内各种创新主体之间互动的结果，这些主体包括企业、大学、研究机构、政府机构及其他支持组织，它们形成了区域创新网络；这种网络内部的联系、活动促进了知识的扩散和创新要素的流动，从而提高了区域的创新绩效。区域创新理论认为，通过加强产业集群的集聚度、共享研发基础设施、加强网络中的知识流动，能够增加体系中的创新效能。

场景创新理论进一步深化了区域创新体系。该理论认为场景是区域创新网络中的一种重要创新资源，这种资源能够引导创新，集聚其他创新资源，并且将点状的创新拓展成具有生态价值的系统活动。因此，场景创新是一种生态化的创新过程，同时也会促进创新生态的发育。

场景创新的起点通常开始于某个企业家的创意，他想到了新技术的某种独特应用，这种应用能够满足人们的某种需求，而且有可能创造相当的商业价值。在推动场景落地的过程中，企业家需要投入创新资源，开展新技术的开发，推动新技术应用的商业化，由此新技术得到进一步的发展，新技术应用的配套体系也得到进一步的成功。一旦场景成功商业化，参与的各方都将获得其中的收益。科技创新企业获得了成长的机会，而场景机会的提供方，如果是企业，也能够通过场景创新，提升生产效率，或是形成新技术产品，或是培育出新的业务增长点。因此，场景创新的一种重要价值就是让参与的各方都可以分享新技术所带来的发展机会。

成功的场景将会吸引更多的企业，当参与的企业数量达到一定规模后，一个新赛道将随之生成，这个赛道不仅包含了场景企业，也包含与场景企业有关的供应链企业和生态企业，经过这些步骤，场景创新将从一个点状的创新，拓展成“链状”的群体创新，最终发展成具有内生创新能力的生态体系。许多人工智能有关的新赛道，如“智能安防”“自动驾驶”“AI 影像”等，都是经此路径逐步生成的。这是新经济产业的一个相当重要的规律，即“新场景培育新物种，新物种生成新赛道，新赛道聚合形成产业生态”，新物种企业因场景得以成长，新赛道因新物种集聚而生成，产业生态因新赛道的不断生成而生机勃勃。

场景创新源于企业的实践，同时可以转换成一种政策手段，用于构建或强化创新体系。在场景创新的视角下，政府需要在区域创新体系中增加一种关键的资源，即“场景”。政府需要将城市建设、城市治理、产业升级、消费升级等方面的新技术应用需求视为有助于创新的关键资源，进行系统的发掘、有效的开放和科学的运营，通过系统的场景促进工作，培育新技术产业。与此同时，政府可以将场景创新作为推动新技术与传统产业相融合，并进一步培育新增长点的工作举措，通过开放场景机会、设立场景创新项目、推动场景创新成果商业化等方法，让传统行业中的大企业更广泛、更深度地导入新技术。同时，政府可以将场景创新作为加强区域创新生态的工作抓手，通过一系列的场景合作，促进创新生态中的主体加强合作与互动，充分发挥不同主体的优势，形成更有活力的创新体系。上升到国家创新体系层面来看，我国拥有十分丰富的应用场景资源，系统地、有目标地开展场景创新，可以动员大量的创新资源，让众多掌握新技术的科技企业参与国家创新任务，以此提升国家创新体系整体效能。

如果将场景创新置于创新体系的视角之中，场景创新将不仅仅是一个创新过程，而且是一种有内在运行规律的创新体系。在该体系中，科技创新企业、行业龙头企业、政府、投资机构均有参与，并通过场景创新实现自身的发展目标。因此，场景创新是一种多方参与，且有多种视角和多种用途的创新方法。从科技创新企业的视角看，瞄准场景驱动的创新是一种具有普遍适用性的创新战略，有可能帮助企业更快地找到正确的技术商业化路径，加快其成长的进程；从培育新技术产业的政府部门视角看，场景创新是一种培育新兴产业、未来产业的工作抓手，能够加速新技术向新产品的转换，并加快新赛道的生成；而从传统行业的龙头企业视角看，场景创新是推动现有业务与新技术深度融合的有效方式，通过场景创新能够培育新技术业务；而从地方政府的视角看，场景创新则有可能成为构建更强有力的区域创新体系的工作抓手，通过开发城市的场景资源，为区域创新体系注入更加强有力的发展动力，由此培育更具内生性的创新生态。

因此，场景创新深化了城市创新体系理论和实践，既为城市创新体系的构建提供了新的政策抓手，也为体系中的企业主体实现创新目标提供了新的路径。更为重要的是，场景创新理论带来全新的创新要素观，即“场景是一种重要的创新资源”：首先，场景是一种机会，让新技术得以在发展的早期获得应用的机会，并以此为契机发展成某种商业化的场景；其次，场景是一种创新的组织模式，围绕场景创新的开展，新技术能力的提供方（一般是科技创新企业）、新技术的应用方（包括政府和企业）、推动创新的政府，以及风险投资机构等区域创新网络的主体，各自贡献优势资源，共同创新，并分享收益的成果；最后，场景是创新活动的目标，各式各样的新技术应用场景引导着创新主体的行动方向和投入的资源，拥有场景就拥有了创新的主动权。因此，全面理解场景创新，需要从企业的创新实践入手，更要在创新体系的层面理解其重要的价值和运行规律。

场景创新理论有3个关键词：新技术的创造性应用、供需联动、商业与技术双促进。这是场景创新理论的特点，也是场景创新的工作方法。用好场景创新理论和方法，初创的科技企业能够少走创新弯路；行业部门能够加快将新技术转变成新兴产业；行业龙头企业可以发挥创新潜力，培育新技术业务，成为行业的科技创新领头羊；数字城市主管部门能够在数字城市建设的过程中，更好地促进数字经济的发展和数字技术的创新。最为重要的是，场景创新方法能够为城市创新体系开拓新的构建路径，为城市注入持续不断的发展动能。如何在各个领域中运用场景创新方法实现创新发展目标，将是本书后面章节重点讨论的内容。

第二章
场景创新的方向

一、新场景的识别

场景是新技术的创造性应用。就某一种具体的新技术而言，其可能的应用场景是多种多样的。准确识别各式各样的新场景，是开展场景创新工作的前提条件。

需求引导场景的开发，技术支撑场景的生成，每一个新场景都是应用需求（D）和新技术能力（T）的结合。每一个应用需求点与每一种新技术能力的组合都有可能产生新场景。其中有一些场景处于起步的设想阶段，而有一些应用场景已经结束了高强度的研发，进入了大规模的批量生产或部署阶段。在这两种类型之间，则是那些已经进入了商业化阶段但是还未完全成熟的场景，这是需要重点识别和研究的“新场景”。

场景创新是围绕技术商业化所展开的一系列商业创新活动，旨在推动新技术成为有市场竞争力的产品或服务。因此，场景的研究和促进工作应该聚焦于那些具有商业成长空间的新技术应用，而那些与商业化尚有距离的科学研究成果不应该成为场景创新的重点。如何准确判断某种新技术的应用是否进入了商业化的阶段，以及是否被市场所看好？一种简单的方式就是分析是否有科技企业，以及是否有足够多的企业，在开发该场景。因为科技企业是受到市场激励的行为主体，经过它们选择的创新方向一般而言都是具有商业化潜力的。因此，在进行场景分析时，应重点分析科技企业正在开展的创新活动，从中识别“新场景”。

此外，还需要建立一个恰当的场景分析模型，用以在合适的颗粒度层面识别新场景。每个层次的应用需求点与不同颗粒度的新技术能力的组合都有可能产生新场景，如果缺乏合适的层次原则将无法建立分析框架。恰当的场景分析模型将有助于以统一的原则清楚地辨认出不同的场景，还能有效利用分析的成果指导场景工作。

我们提出，将“具有商业独立性的新技术应用”，作为界定场景的基本原则。所谓的“商业独立性”，即该场景是可以独立存在、交易和交付的商业产品或服务，而且不同的场景之间存在足够的差异性，足以让新技术的应用需求方对其进行区分。

例如，自动驾驶显然是一个过于宽泛的场景，因为众多的自动驾驶赛道企业已经将自动驾驶划分为更加细分的场景，而且这些细分的场景已经在商业上存在显著的差异，足以让应用需求方清晰地予以区分。在自动驾驶赛道中，有些企业致力于用自动驾驶技术驱动乘用车，以达到商业化运营出租车的目的，这是无人出租车（Robotaxi）场景；有些企业则用自动驾驶技术驱动重卡，以达到减少重卡驾驶员的目的，这是无人重卡（Robotrunk）场景；另一些企业用自动驾驶技术驱动港口中的集卡，以实现完全无人的集装箱转运，这是无人集卡场景；还有更多的与自动驾驶技术相关的应用场景。

识别场景，就是从新经济科技企业大量的创新活动中，找出具有明显差异度和商业独立性的新技术应用。需要注意的是，场景的颗粒度会随着创新的深化和成熟发生变化。例如，如果将来出现自动驾驶技术驱动的氢能重卡，而这个新场景显著地在技术或商业上区别于无人重卡场景，那么就应当把这个新应用列为一个新的场景。

以上是识别新场景需要遵循的基本原则，即处于技术商业化转折阶段且具有商业独立性的新技术应用。遵循以上原则，我们能够从大量的科技企业创新活动中识别出一大批新场景，从而生成一个“新场景”集合。这个集合来自对大量科技企业群体行为的分析，同时也刻画了群体性的创新目标和其中的结构。虽然这个集合的特征和结构会随时间发生变化，但是这个集合在一定时间内具有稳定性。这个集合对于创新研究和创新促进工作具有重要的价值，它提供了一种方法和框架，让我们得以在中观层面观察群体的创新行为，以全新的视角分析新技术商业化创新的结构、主体特征和发展趋势。我们将这个新场景的集合称为“场景创新体系”。

场景不是一个静态的事物，而是从创意逐步转变成大规模商业产品或服务的创新过程。因此，我们需要用一种动态发展的视角和方法分析具体的应用场景，从多个维度进行考量，看内涵、看生态、看阶段。首先，需要分析场景的内涵，即该场景通过应用何种新技术解决了什么问题，带来了哪个层面的价值，这是场景的内涵分析；其次，需要分析该场景成功落地所需的参与者和关键的支持要素，尤其是关键的场景机会，这是场景的生态分析；最后，要分析该场景目前所处的发展阶段，确定哪些企业是场景中的关键参与者，并探讨政府作为促进者在当前阶段应采取的具体措施，这是十分重要的场景阶段分析。

二、高价值场景的五大特征

在众多的新场景中，有一些具有更高的价值，能够在更大程度上使我们的城市、产业和生活变得更好，同时能够带来更有增长性的新赛道和新动能。我们将这类场景称为高价值场景。

基于大量场景实例的分析，我们发现，高价值场景往往具备5个重要的特征，即创意、小切口、大赛道、简单、爆发。其中，“创意”“小切口”定义了高价值场景的最初特征；“大赛道”定义了新场景应当发展的方向；“简单”“爆发”则定义了支撑高价值所需要的商业特征。

1. 创意

好场景是“好创意+技术”的结合。创造性地应用新技术是新场景的起点，创意对新场景而言至关重要，改变世界的场景源于创业者伟大的创意。以创意应用为导向开展技术研发集成和商业化，是场景驱动的创新不同于传统科研创新的最大特点。

2. 小切口

好场景集聚能够解决真实问题的“小切口”。新场景不是宏观层面的“摊煎饼式创新”，而是面向具体问题，从“小切口”入手解决大问题。例如，聚焦城市管理、民生服务等某一具体的痛点难点问题，通过将新技术、新产品、新模式率先应用于真实而具体的某个“点”，进而在城市范围内解决这一类受到广大人民群众普遍关注的热点难点焦点“大问题”。

3. 大赛道

好场景能够转化为大赛道。高价值场景需要有足够的创新空间和巨大的爆发力，大赛道可提供足够大的增长空间，加速各种新技术的创新和集成，因此，好的场景应当能够从“小切口”启动，同时也要有转化成大赛道的潜力。

4. 简单

好场景应该足够“简单”。新场景实现快速爆发，要有一个好的商业模式，这就要求场景背后的新产品、新服务足够“简单”，容易交付。所谓的“交易简单”就是很容易成交和交付，不需要有很复杂的讨价还价过程。好的成交模式就是让人容易做出决策，并且快速交付、快速回款、快速滚动。

5. 爆发

好场景需要有爆发的潜质。场景的“爆发”有双重含义：一是商业的爆发，好的场景应当具有滚雪球式的商业发展能力，通过用户网络效应、数据乘数效应及技术的增值效应，实现指数级的增长；二是技术的爆发，场景是新技术的应用，通过真实的市场需求与竞争加速倒逼前沿技术的突破和集成应用。

三、场景创新导航图

每个场景都包含两个基本的描述角度，一是该场景使用了什么新技术（T），二是新技术被用于哪个领域的需求（D）。因此，对于每个新场景，都可以从技术维度，以及应用维度进行描述和分类。由此，我们可以设计出一个二维的分类体系，横轴是技术分类维度，纵轴是应用领域分类维度。这提供了一种对纷繁复杂的新场景进行分类、检索和趋势分析的基本方法。我们将该二维分类体系（DT 模型）称为“DT 场景创新体系”。

对某一个新场景进行命名也应该采用“DT 模型”，表达出“新技术的创造性应用”的基本逻辑，而非简单地使用技术、产品或系统的名称命名场景。例如，“机器视觉工业检测”这一命名清晰表达了运用机器视觉技术实现工业检测这一场景的内在特征，这种方式相比“智能质检系统”能够更好地表达场景的特征。

如果将众多新场景置于二维的“DT 场景创新体系”中，就能够生成反映某种新技术、某个领域或者某个区域的创新热点和趋势的场景创新图谱，我们将展现某个时间段、某个技术领域或者某个应用领域的场景创新图谱称为“场景创新导航图”（图 2–1）。

首先，场景创新导航图提供了一种直观的方式来识别当前的技术创新热点。技术领域中新场景的数量，反映了科技企业和风险资本对于技术发展趋势和商业潜力的共同看法。基于这些信息，政府可以更加准确地规划新技术产业，而投资者和其他相关方可以依据这些热点来支持他们的决策。

其次，使用场景创新导航图，我们能够识别新场景中的主要参与者。在每个新场景之下，场景创新导航图列出了开发该新场景的关键参与企业，通过进一步分析该企业的融资情况、团队信息、企业经营情况及场景合作信息，可以评估该企业的发展潜力，从而为政府、技术需求方找到合适的场景合作企业。

对比年度场景创新导航图的演变，可以更加准确地识别创新的趋势。不同于专家、企业家和投资人的趋势性判断，场景创新导航图通过分析新经济科技企业的群体性创新活动，反映趋势性的创新热点方向。这种群体创新趋势的判断，为制定创新政策和投资决策提供了重要的支撑。

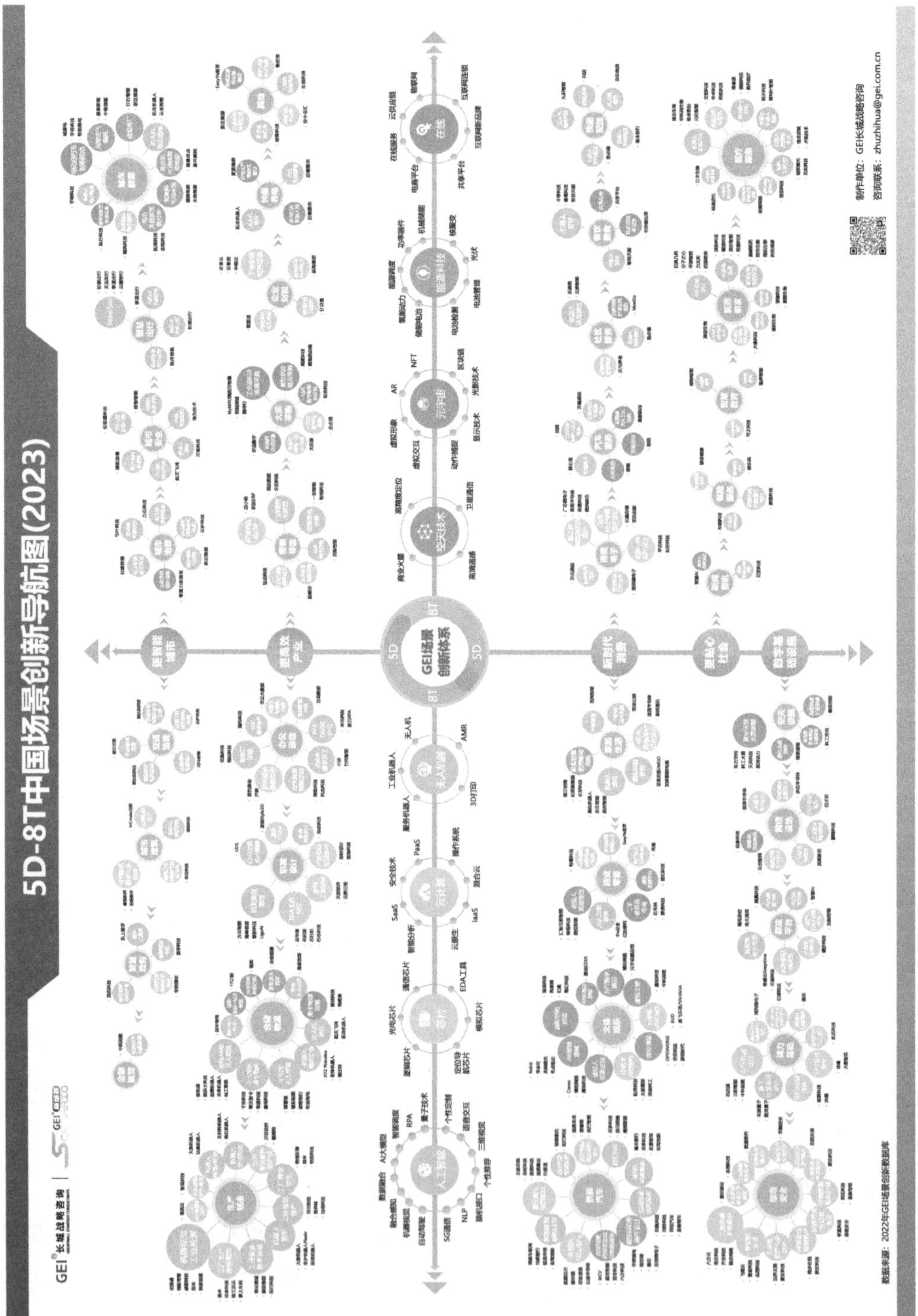

图 2-1 “5D-8T”中国场景创新导航图

在场景创新导航图中，有一些新场景将会在未来几年内进入快速发展轨道，值得特别关注。我们开发了“场景价值潜力”评估模型，这个模型包括了几个关键的指标：参与该场景开发的企业数量、投资于该新场景的风险资本规模，以及该场景下进行的验证性项目数量等。这个评估模型能够评估某一场景是否能进入快速发展轨道，同时也反映了场景创新生态中的三大主体——技术创新企业、投资者和技术应用需求方——对该场景的支持程度。

四、场景创新导航图的使用

使用场景的识别和分类方法，长城战略咨询开展了系统的场景研究，并在 2022 年和 2023 年发布了年度的《中国场景创新研究报告》。其中，《中国场景创新研究报告 2023》整理了 2022 年获得大额融资的新经济企业样本，包括那些在天使轮融资中获得千万级投资和在其他轮次获得亿级投资的企业。

该报告识别出 462 个新场景，并据此绘制了“中国场景创新导航图（2023）”，对这些场景所反映的创新趋势进行了深度分析。以下节选了《中国场景创新研究报告 2023》中的一些关键内容在本书中与读者分享，以更好地理解场景的分析体系。

中国场景创新导航图（2023）显示，经识别的 462 个新场景分布于五大应用领域（5D）、40 个细分应用方向，同时，也分布于八大技术群（8T）、62 个细分技术方向。

在场景创新导航图中，涵盖五大应用领域（5D），包括：更高效的产业、新时代的消费、更贴心的社会、更智能的城市、数字基础设施（图 2–2）。462 个新场景在这 5 个应用领域的分布是：更高效的产业领域 142 个，占比 30.7%；新时代的消费领域 130 个，占比 28.1%；数字基础设施领域 65 个，占比 14.1%；更贴心的社会领域 65 个，占比 14.1%；更智能的城市领域 60 个，占比 13.0%。

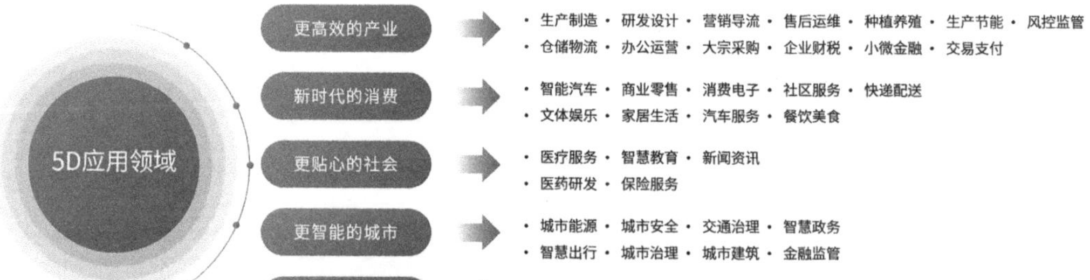

图 2–2　5D 应用领域及其细分方向

从技术（T）的视角分析，场景创新导航图涵盖了八大技术群（8T），分别是人工智能、云计算、芯片、无人机器、在线、元宇宙、能源科技、空天科技（图 2–3）。462 个新场景在这 8 个技术群的分布是：人工智能 167 个、云计算 85 个、芯片 53 个、无人机器 51 个，在线 45 个、元宇宙 27 个、能源科技 26 个、空天科技 8 个。

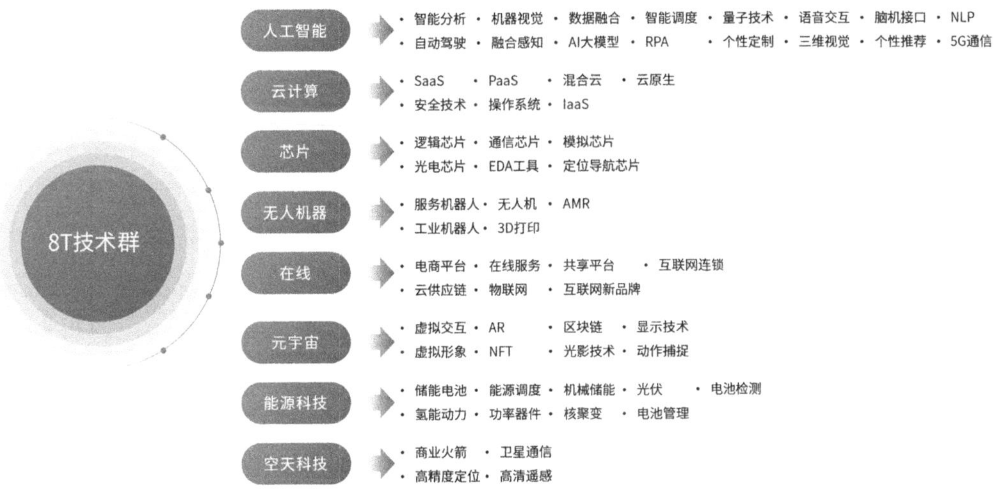

图 2-3 8T 技术群及其细分方向

深入年度的场景创新导航图，可以发现一些重要的趋势，给创新政策决策带来许多有价值的参考。

① 场景创新导航图显示，产业创新和新消费是新技术应用最活跃的领域，相比之下，社会服务和城市管理的新技术应用不太活跃。这表明，新经济科技企业的创新重点已经从曾经的智慧城市转向了产业和消费领域的数字化。因此，围绕数字经济的产业政策应该更加重视对产业数字化转型和数字化消费的支持，同时开放更多的产业数字化场景机会和新消费场景机会，以更好地支持新经济科技企业的创新活动。

② 比较 2022 年和 2023 年的场景创新导航图，算力基础设施是持续活跃的新技术应用领域，特别是人工智能算力基础设施，既是各种新型芯片、高速互联技术、高性能计算技术、信息安全技术集中应用的领域，也是支撑人工智能技术得以在千行百业使用的基础能力。因此，在人工智能产业持续快速发展的时期，结合场景创新的思路，主动建设或鼓励市场主体投资建设算力中心，将是一项有价值的人工智能产业政策选择。

③ 沿着应用领域维度往下分析，可以发现创新最为活跃的新场景是“机器视觉工业检测”场景，该场景属于“更高效的产业”大类之下的“生产制造”子类。据

2023 年度场景创新导航图，共有 12 家高融资企业正参与开发此场景，包括专注于 OLED 检测的特仪科技（厦门）、专注于焊接检测的安脉盛（杭州）和专注于电池检测的苏映视（苏州），这些企业在 2022 年均获得了超过 1 亿元的融资。这表明，基于机器视觉的工业检测是当年最受关注的领域，吸引了大量科技企业和风险资本。这个新场景近两年内将会出现大批高质量的新经济科技企业，并有潜力形成新的产业。因此，对于工业基础雄厚的城市来说，现在是开放工业质量检测场景机会、吸引这类新经济科技企业的最佳时机。

④ 从技术维度分析，场景创新导航图显示，人工智能成为最受关注的技术领域，尤其是以人工智能为基础的“智能分析”细分技术方向。这说明人工智能的创新热点已经从单纯的人脸识别转向了应用人工智能进行综合性的分析，以发掘海量数据中的趋势和洞见。因此，在人工智能政策安排上，更加精准的做法是支持那些利用智能分析创造商业价值的科技企业。

⑤ 在技术领域的分析中，“SaaS”（软件即服务）是另一重要的细分技术领域。深入探究与 SaaS 技术相关的新场景，将会发现其应用范围极广，覆盖了从服务于制造业的在线工业设计和智能化工厂管理，到零售行业的数字化门店管理、跨境电商平台管理，以及专业领域的异步视频录制协作和元宇宙 UGC（用户生成内容）创作等多个方面。众多新经济科技企业纷纷采用 SaaS 技术，表明 SaaS 已经成为一种广泛应用的技术手段和商业模式，其创新性应用能够在生产、消费和日常生活中创造各式各样的新场景，大幅提升生产效率和消费体验。

⑥ 分析年度场景创新导航图，还能发现许多有意思的具有前瞻性的创新趋势。例如，曾被认为遥不可及的核聚变技术现在已经成为新经济科技领域的创新热点。场景创新导航图显示，能量奇点（上海）和星环聚能（西安）这样的企业已经开始探索商业可控聚变反应堆，并获得了实质性的风险投资支持。新经济科技企业，特别是那些富有活力的初创企业，是促使前沿科学发现转变成新兴产业的重要角色，能否在恰当的时机给予精准的支持是产业政策成败的关键。场景创新导航图提供了评估前沿技术商业化发展阶段的工具。当出现少数以前沿技术商业化为目标的初创企业，则揭示该前沿技术进入了产业化的早期阶段；而当该领域出现了大批的上市企业，则昭示着该领域大规模创新阶段的结束。因此，商业可控聚变场景首次在场景创新导航图中出现，提示了一种全新的前沿技术进入商业化早期阶段，有望形成具有颠覆性的战略新产业，这为制定前沿技术产业政策提供了明确的信号。

场景创新导航图给我们展现了激动人心的创新图景，全新的创新范式也在场景创新导航图中逐渐显现，它展示了达成创新目标的新路径。

通过新技术的创造性应用，不可胜数的“小切口”场景正在被创造出来，我们可以通过 D 维度看到产生于产业、城市、生活等领域的新场景，也可以通过 T 维度找到各种新技术创建出来的新场景。这些新场景给经济社会和城市发展带来振奋人心的改变，展现了即将到来的更加美好的产业、经济、社会和城市的高质量发展图景。这种创造不是单个企业的努力，而是富有创新活力的新经济科技企业群体创新活动的体现。

新经济科技企业是创造场景的主体，它们汇聚于不同的场景之下，其中的优秀企业将会因为突破性的场景创新而实现高速成长。这些企业是明日之星，也是政府应该予以重点关注的企业群体，提供场景机会将会给它们带来巨大的帮助。

随着场景创新导航图中的企业逐步获得场景机会并实现成长，新技术产业也得以逐步生成。例如，随着自动驾驶场景的逐步增加，以及场景之下初创企业的不断成长，一项新技术将逐步生成一个新技术产业。沿着 T 维度观察和分析，为主管新技术产业的部门提供了观察新技术产业的新视角，使其得以在纷繁复杂的新技术体系中找到合适的产业培育之路。

如果沿着 D 维度进行观察和分析，则给产业主管部门、城市管理部门和其他部门提供了发现新技术应用以提升产业、城市和社会服务能力的新视角。通过开放其中的应用场景机会，将能够与具有创新活力的新经济科技企业携手合作创造出更美好的产业和城市未来。更为重要的是，这个过程是支撑现代产业体系构建的重要创新活动。创新不同领域的新场景，就是不断推动传统产业转型升级，培育新动能，进而形成新质生产力的过程。

以上这些创新过程落地于城市，将能够充分地发挥城市所拥有的场景资源价值，更好地培育内生的新动能，形成更加富有活力的创新生态，这对形成根植于城市禀赋的长期创新能力具有十分重要的意义。

因此，一张规模不大的图谱展现了正在蓬勃发展的创新机遇和潜藏之下的创新路径，这是一张新经济的创新导航图。

场景创新如何得以发生，以及如何更好地理解和用好这种创新方法，将是本书后面章节重点讨论的内容。

第三章
场景激活高质量的创业

一、场景打开高成长通道

创业的成长充满意外和曲折，在商业传记中，伟大的创业公司的成长历程通常是这样叙述的：一个才华横溢的学生某天突发奇想、灵感迸发，想出了一个绝妙的创业想法。他立即联系了大学时的好友，一起迅速成立公司，并在学生宿舍里打造出了产品的原型。这个原型出乎意料地受到欢迎，吸引了众多投资者的关注，企业随即进入了快速发展轨道，很快成为一家独角兽企业。在这个令人兴奋的高速成长过程中，创始团队却经历了意外的钩心斗角，创始人在经历了痛苦的心路历程之后，最终克服千难万难让企业成功上市，成为商学院课堂上的另一个经典案例。在众多的商业期刊、书籍中，Yahoo、谷歌基本上是遵循这种成长路径，在创始人顿悟之后，快速成长为伟大的企业。

毋庸置疑，创始人的梦想、创意和坚持，以及追随创始人的团队、资本是初创科技企业成功的关键因素，但是在现实中，许多重要的因素也对创业成败起到决定性的作用。硅谷顶级科技企业孵化器 Y Combinator 的创始人——保罗·格雷厄姆在《黑客与画家》一书中曾经提到，评估一个项目是否有资格进入 YC 时，他更注重创始团队的能力，而不是他们当时的创意。因为根据格雷厄姆的经验，成功的创业企业最后得以成功的产品，往往与初创时所设想的产品大相径庭，好的团队可以根据情况的变化进行快速的调整。因此，他更加看重创始团队的整体能力，而不是他们现在正在干的事情。根据格雷厄姆的经验，我们可以判断，一个初创企业，在获得成功之前，就一般的情况而言，会经历多次的业务方向大调整。在这个过程中，企业在寻找什么，他们为什么要对业务进行巨大的调整？我们的观点是，初创企业在不断地以试错的方式寻找高价值的场景。

回顾人工智能初创企业的发展历程，可以将这一过程看得更加清楚。机器视觉技术在 2012 年前后迎来了关键性的突破，标志性的事件是由 Hinton 领导设计的卷积神经网络模型 AlexNet 在 2012 年的 ImageNet 竞赛上赢得冠军，该软件的识别率大大超过了以往的模型，实现了当时比赛中最低的错误率，这一成绩不仅展现了深度学习在图像识别领域的强大潜力，也标志着机器视觉技术一个新纪元的开始。基于这项技术的突破性发展，国内外迅速出现了一批创业企业，旷视科技是其中的一员。旷视科技开发的第一个产品是基于机器视觉技术的小游戏“乌鸦来了”，游戏通过摄像头检测人头颈部的运动，控制稻草人左右驱赶飞来偷南瓜的乌鸦。虽然游戏广受好评，也帮助旷视科技获得早期的投资，但是并没有给企业带来预期的快速成长。一直到 2016 年，一个转折点事件——在杭州举办的 G20 峰会——给旷视科技的发展带来高速增长的转机。

2016 年 9 月 4 日，二十国集团领导人第十一次峰会在杭州国际博览中心举行。杭州面临超出常规的安保要求，于是杭州市政府率先在公共场所、关键通道布置高清摄像头，抓取通过人员面部数据，与大库数据比对进行黑名单预警，成功保障了 G20 峰会的召开。这是“智能安防”场景在重大活动中的首次亮相，其出乎意料的效果改变了社会各界对于人工智能技术的认知，也为人工智能技术全面落地打开了前所未有的空间。以该场景的瞩目亮相为转折点，旷视科技获得了业界最大的一笔投资，成长为独角兽规模的企业。该场景也带动格灵深瞳、商汤科技等一批相同赛道的企业进入了发展快车道。

第一批人工智能初创企业从沉寂到爆发的转折表明了新经济科技企业成长的重要规律：高价值的场景，能够助推新经济科技企业进入发展快车道，甚至有可能激活一个新的赛道。

类似的故事也出现在其他优秀的科技企业身上。例如，已经成为行业霸主的大疆创新也经历了类似的成长过程。2006 年，汪韬创办了大疆创新，他致力于将在香港科技大学接触到的直升机飞控项目作为创业的方向。在 2006 年，消费领域的无人机还刚刚起步，无人机的所有零件都需要开发者自己动手和调参，当时出现了一批研究无人机飞控的极客，或是为了兴趣，或是为了商业，他们是一些大学生或创业者，汪韬是他们中的一员。和许多创业者类似，汪韬将飞控系统作为大疆创新主打的产品，这是无人机的核心部件。

让大疆创新在飞控领域崭露头角的第一款产品是 2011 年“悟空 M”多轴无人机飞控模块，这是一款负责控制无人机飞行的核心组件。“悟空 M”几乎是当时最好的飞控模组，控制性能、易用性、可扩展性都胜于同期的同类产品，一经推出便在无人机极客圈子中广受好评，也奠定了大疆创新在行业中技术领头羊的地位。

但是，大疆创新所面临的成长性困难也是显而易见的，一方面，当时无人机只是科技极客手中的大玩具，市场容量有限；另一方面，来自竞争对手的压力也越来越大。当时在飞控领域，最主要的竞争对手是大洋彼岸的美国企业 3D Robotics。3D Robotics 由《连线》杂志前主编克里斯·安德森（Chris Anderson）于 2009 年创办，主要的产品与大疆创新类似，面向专业的极客提供组装无人机的一系列组件、模块和软件，其核心的产品是开源的飞控系统 APM。依托其 DIY Drone 论坛，APM 在极客中拥有巨大的影响力和用户群，3D Robotics 给大疆创新带来了巨大的压力。

给大疆创新带来高速增长的转折是一个能够发挥无人机独特价值的场景——航拍出现了。2011 年，一款微型的高清运动摄像机 GoPro hero2 发布，这是一款专门面向运动爱好者的便携摄像机，半个巴掌大小，可以方便地安装在运动者的头盔、胸前或者手持自拍杆上，捕捉精彩的瞬间。许多拥有无人机的极客立刻发现了 GoPro 另一种重要的玩法，将其安装到无人机上。这一创意让许多人体验到了一直向往却从未实现的梦想——“上帝视角”。无人机航拍立刻成为 YouTube 上炫耀的利器。

汪韬敏锐地抓住了无人机航拍这一迅速爆发的场景，快速地在 2013 年推出了一款消费级无人机——精灵 Phantom1。这款无人机改变了当时许多传统的无人机设计思路：开箱即用，为航拍而设计——Phantom1 附带了适配 GoPro 的云台，让普通的消费者可以体验“上帝视角”。

精灵 Phantom1 是给大疆创新带来转折的产品。由此，大疆创新快速转变成爆发性成长的消费产品企业，而曾经的最主要的竞争对手 3D Robotics，因为没有及时抓住消费级航拍场景，逐步失去了竞争优势。大疆创新引爆了全球的航拍场景，YouTube、优酷上迅速出现了许多气势磅礴、精美绝伦的航拍作品，各种玩法不断出现，大疆创新也因此成为世界级的创新企业，其后续推出的每一款产品，包括 DJI Mavic、DJI air，都将航拍能力推向了新的高度。围绕消费级航拍场景，市场上已经无出其右，大疆创新已经成为无人机消费领域事实上的领军企业。

如果简单地认为，大疆创新实现突破性增长的原因仅仅是将原有的产品用于航拍，则不免有失偏颇。事实上，大疆创新为了创造消费级航拍这一场景，在飞控系统之外，实现了许多关键技术的研发突破。有两个技术对于消费级航拍的体验至关重要，一是悬挂摄像机的轻巧、稳定云台，另一个是高像素的图像回传系统。在高度集成化的无人机产品背后，大疆创新所拥有的飞控技术、摄影技术、图像传输技术共同构筑了其他企业难以突破的技术壁垒，正是这些技术能力支撑大疆创新成为世界级的创新企业。

分析大疆创新的成长和研发创新历程可以发现，场景在其发展过程中发挥重要作用。与许多同时代的无人机创业企业类似，大疆创新也起步于无人机的飞控系统，这是无人机技术的核心，汪韬过人的洞见力和商业才能使其敏锐地发现了消费级航拍这一场景，并且通过优秀的研究能力和市场能力快速抓住这一爆发成长的机会。许多后起的无人机创业企业选择了与大疆创新不一样的无人机应用场景。例如，国内首家成功上市的无人机企业亿航智能通过“无人机表演”场景获得领先；极飞科技选择了无人机植保，成为另外一个无人机创业明星企业。

二、将场景作为创业的方向

如何寻找创业的切入点是每个创业者必须回答的重要问题。一些科技创业的起点源自决定性的技术突破。例如，英特尔的成长源自开发的集成电路制造技术的突破，其创始人罗伯特·诺伊斯开发平面晶体管技术，开启了集成电路时代。基因泰克的成功源自基因工程技术的突破，生物化学家赫伯特·博耶开发的基因克隆技术能够将外源基因插入细菌 DNA 中，使细菌能够生产人类蛋白质，基因泰克利用这一技术成功开发出人胰岛素等重要药物，引起了生物技术创业企业的大爆发。

在创业谱系的另一端，是基于模式创新的创业。这类科技企业利用互联网模式，重构现有商业流程、服务模式和产业链组织方式。例如，京东、天猫、美团、叮咚买菜等著名的互联网企业成功的基础在于运用互联网的网络效应，连接了海量的供应商和消费者，降低了交易成本，提高了交易效率，并创造了前所未有的用户体验。在后互联网时代，模式创新型的创业依然层出不穷，它们围绕各种垂直领域，深化细分市场服务，利用互联网和大数据手段来满足特定消费者群体的独特需求，如在线教育、远程医疗、金融科技、智能制造等，这些企业虽然未必基于技术突破，但往往能敏锐把握互联网和移动互联网带来的变革机遇。

在基于新知识发现的创业和模式创新之间，有一些富有洞见的创业者选择了面向场景的创业道路。他们比其他的创业者更早地预见了新技术可能的新应用，基于这种创意，他们走上了创业的道路，组建团队、筹集资金，基于场景开发新的产品，并把产品推向市场，直到成为伟大的企业。

场景创新不同于基于科学发现的创业，后者用全新的技术创造了比原有技术性能更优、价格更低的新产品，但是新的产品所发挥的作用可能与旧的产品基本是相同的。例如，平板电视虽然在尺寸、清晰度方面远超 CRT 电视，但是平板电视依然是放在客厅用来观看的电视机，并没有创造新的生活方式，然而拥有对话功能的智能音箱，已经超越了传统的有源音箱发声放歌的功能，成为娱乐终端和智能家居的控制中心，在很大程度上创造了新的智能生活方式。

用新的技术将已有的产品做到更好，这是工程师普遍秉承的技术创新思维；用新的法子来做原有的生意，这是企业家所普遍使用的商业模式创新思维。场景创新则是另辟蹊径，通过新技术的创新用法，达成创新的目标。

创造新的用途，也就是新的价值，是场景创新的核心目标。在场景创新的理念中，寻找新技术的价值点，是关系创业成功与否更为重要的因素。产品是服务于新场景的，是创造新场景的手段，而不是目标本身。企业家在创建新场景的过程中，开发新的产品，开拓新的市场。

场景创新带来的更大价值也在于此，不是简单地用新的技术提升原有产品的指标，也不是用新的模式提升原有工作的效率，而是创造新的事物和新的商业空间，带来更多的社会价值。

场景对创业成长起到3个关键作用：首先，场景为企业创新提供了一个目标和焦点，围绕场景的创建，企业家能够将技术、业务、商业等多领域的专家融合在一起，形成跨界的创新团队，这样的团队目标性更强，更加有助于实现从无到有的突破；其次，场景创新方法，提供了一个在真实或近似真实的环境中开展创新工作的机制，帮助创新团队在实际条件下验证技术，完善产品，优化参数，这样可以确保新技术或新产品更好地满足现实世界的需求，并加快产品进入市场和供应链的过程；最后，场景为新技术产品融入现有产业体系或生态提供了更有效的路径，通过在场景联合创新环节供需双方开展的研发合作，可以让新技术产品未来的用户在更早的阶段熟悉创新团队和创新产品，待产品推出后，可以更快进入现有的供应链体系。

与此同时，初创企业也更加适合采用场景创新模式，创造具有颠覆性的产品。这种优势来自初创企业强大的企业家精神。它们敢于冒险，能够高效地组织成功创新所需的人才、资金和技术，克服各种困难，实现创新的目标。初创企业从零开始，没有大企业的负担和路径依赖，愿意承担新技术创新所必需的不确定性，能够更灵活地为新技术的落地匹配最优的场景创意、产品体系、组织模式和商业模式，从而具备更大的创造力。此外，初创企业也是更理想的投资标的，因为相比大企业和科研院所，创业企业股权结构简单、投资成本低，而且企业的成长预期更好。这些条件使得创业企业成为风险投资更好的对象，从而为新技术的研发提供源源不断的资金支持。总体而言，虽然初创企业缺乏大企业雄厚的实力，但是因为其灵活性、创新精神和吸引力，他们更加适合开展场景创新，开发出更有颠覆性的产品。

需要强调的是，几乎不可能将某个创业案例十分明确地划分为技术创业、模式创业或场景创业中的一种。绝大多数的情况是，任何的创业项目都会有一条创新的主线，或是以模式创新为主的创业，或是以颠覆性技术为主的创业，或是以场景创新为主的创业，创业者会将这3种模式融合在一起，有主有次，相互成就。

在科技创新领域，近 10 年来，创业环境已经出现了许多重要的变化，对于许多处于同时代的、基于相同技术起步的创业者而言，需要更新长期被奉为圭臬的标准创业思维。选择哪个方向应用最新的前沿技术，并且围绕这些方向投入资源，是考验创业者智慧和洞察力的关键。

三、发现新场景创意

卓越的创意能够带来突破性的创新。在商业历史上，许多值得称道的创新均起源于杰出的创意，如索尼的随身听、Uber、Facebook 等。这些革命性产品的问世，并非因为技术上的重大进步，而是在伟大创意的引领下，对现有技术进行了新颖重组，从而构建出非凡产品。

好的场景创意有两个标准：一是足够的颠覆，二是足够的大。足够的颠覆，意味着新的场景能够创造出新的生产生活方式，超越其他的解决方案带来更大的价值，让人难以拒绝；足够的大，意味着有足够的未来商业空间，能够吸引充足的人才、资本和其他的要素资源将创意变成现实。

瞄准足够大的愿景方向，是伟大创意的重要来源。第一个方向是人类长期渴望却因为技术所限未能满足的需求，如身体健康、没有拥堵的出行，或者躺平不用做家务。虽然每次科技革命都会将人类的生产生活水平提升到新的高度，但是人类对于基本需求的追求，以及对宏大梦想的追求从未停止。每当新技术出现，围绕人类的基本需求和追求，都会出现许多新的场景机会。例如，围绕城市中的交通出行，从马车到轨道交通，再到汽车，新技术不断创造了新的出行场景，彻底变革了城市出行的模式，也造就了多个规模巨大的产业。人类社会用新技术革新出行场景的步伐从未停止，即将落地的自动驾驶，已经使无人驾驶出行场景近在咫尺。对于无人驾驶出行场景的巨大商业潜力的认可，是众多自动驾驶企业获得高额融资、成为超级独角兽企业的重要原因之一。

第二个方向是科技突破带来的全新可能。历史上曾经出现过许多因为意外的科学发现创造的新场景，广为人知的 X 射线的发现导致医学领域大变革就属于此类。新技术创造的场景不必须是宏大的主题，将新技术应用于很具体的领域也能够具有很强的爆发力。

第三个方向是国家或时代的强力推动要达成的场景。例如，国家正在努力实现第二个百年目标，要在 2030 年实现碳达峰，要建设数字经济、数字社会和数字政府等。在国家战略布局的推动下，将会出现许多无法完全依靠市场催生的场景机会，这些大机会都是启发创意的来源。

创意阶段的目标是找到若干有创意的、与企业能力相匹配的、具有发展前景的新技术应用场景。获得创意不仅需要企业家具有足够深厚的行业洞察力，在更多时候，更需要跨界的综合能力和对未来的想象力，这是创新的基本特征和规律。因此，跨界的头脑风暴会或者新技术场景对接会，是打开思路寻找创意的好方法。此外，也可以通过更加系统的研究手段，寻找潜在的创新方向。上文提到的场景创新导航图，就是相当有用的创意发现工具。仔细研究相同技术企业或者其他领域企业的场景创新实践，往往能够带来意想不到的发现。

四、寻找场景合作机会

创意之后需要找到有效的合作方，共同完成场景创新。对于许多的初创企业而言，从“小切口”场景起步是更为明智的选择。“小切口”场景的特点是目标很明确，完成工作所需要投入的资源不多，而且对现有体系的影响不大。对于场景机会的开放方而言，使用新技术是存在风险的，这些风险包括了使用不成熟技术对现有生产流程、工作体系带来的影响，也包括了创新失败所产生的无效投入，以及创新失败所需要承担的决策责任等。因此，即使场景机会的开放方已经认识到场景创新的必要性，也需要从“小切口”启动场景创新工作。但是，“小切口”并不意味着微不足道。“小切口”场景需要进行的谋划和选择，既能够满足减少风险和阻力的要求，也能够展现新技术所带来的变革性价值。

对于初创的科技企业而言，从业主单位那儿获得开展新技术验证的场景机会，是十分重要的事情。可以通过创业企业家自己的人脉，或者投资人的资源网络获得关键的场景机会，也可以通过地方政府获得场景合作的机会。近几年，许多地方政府已经认识到释放场景机会的重要性，希望借助场景工作实现培育新技术产业、解决城市发展难题、推动传统产业升级的目的。许多城市已经建立了系统性的场景机会发布机制和场景项目支持机制。这些场景机会涵盖了城市治理、产业升级、消费升级和民生服务等众多方面，也覆盖了对 AGI、元宇宙、机器人等新技术的应用需求。及时跟踪政府动向并积极参与场景对接活动，将能够给初创的科技企业带来许多意想不到的机会。

此外，需要科学地设计场景合作项目的内容和机制。场景项目的内容应当遵循场景创新的出发点，聚焦于即将成型的新技术产品的验证和应用。这意味着，场景项目既不是原创性的技术研发，也不是标准化的产品或服务采购，而是技术商业化过程中，新技术产品即将成型那个环节的创新任务。此外，应当设计比较合理的合作机制，这其中既包含了创新工作的出资机制，也包含了创新成果的分享机制。

总而言之，对于初创企业而言，寻找场景机会至关重要，但这也不是寻常意义上的找订单。它应被理解为为企业发展寻求合作创新机会的过程。在此过程中，企业需要清晰了解自身成长所需的创新机会，明确与哪些伙伴合作更适合长远发展，同时有能力设计良好的创新合作安排。合作方案既要有足够吸引力，让业主机构愿意开放机会、联合创新，也要使企业自身能够通过合作实现发展转折。

五、通过场景开发产品

做出好的产品是优秀科技企业的共同特征。一般而言，产品开发通常会采用以下几种模式：第一种是市场需求驱动的。企业通过细致的市场调研和用户分析，识别市场需求和用户痛点，以此为基础进行产品开发，汽车新产品的开发基本采用了市场需求驱动的模式。第二种是技术驱动的。企业根据新技术所能达到的能力来开发新产品，新技术每上升到一个新的水平，企业就会开发新一代的产品，典型的如性能随着制程不断提高的芯片，在这种模式下，产品的基本定义和功能不会发生重大变化，而性能或质量会随着技术水平的发展而提高。第三种是企业家愿景驱动的。苹果公司的 iPhone 属于这种模式的典型，产品的开发围绕企业家的愿景而展开，而这个愿景很可能是该产品出现之前从未出现的巨大的市场需求。

场景创新提供了另一种产品开发的方法，即场景驱动。在场景创建的过程中，初创企业得以在真实或模拟的环境中，融合双方的知识和资源，研发技术、打磨产品，通过多次迭代开发出优秀的产品。相比其他的产品开发模式，场景驱动模式能够让初创企业更好地把握客户的需求和真实的应用环境，同时能够以迭代的方式逐步打磨完善产品。这种机制更加符合新技术商业化的要求，因为当前大量的通用性技术，如人工智能、区块链、元宇宙等，转换成能够满足消费者需求或者行业客户要求的产品，需要进行深度的开发，这个过程需要通过不断试用、不断调整的方式才能得以完成。与此同时，由于初创企业的财务特点，需要分阶段地开发和验证新产品，因此，也需要采用场景驱动的方式进行产品的研发。场景创新不仅促进了产品与市场的精准对接，还加速了技术的实际应用和商业模式的探索，为初创企业提供了一条灵活高效的发展路径，让它们在竞争激烈的市场中脱颖而出，实现快速成长和商业成功。

初创企业应当主动寻找并重视获得的场景验证机会。当前，许多地方政府已经普遍意识到开放场景的价值，开始系统性地开放城市或产业场景机会，与初创企业合作创新。这种合作带有比较强的试验性质和对创新的支持，这对于初创企业而言，是一个难得的新产品验证和打磨的机会。因此，初创企业应当将获得场景合作项目视为实现创新的重要机会，而不仅是政府给予的政策支持。

六、实现增长

场景需要转换成有爆发力的商业才能真正推动企业进入增长通道。初创企业在创建场景的过程中，除了要精心打磨产品外，还需要设计与产品相匹配的商业模式。对于新技术企业而言，值得重点关注的是指数型成长，许多伟大的企业充分利用了数字经济底层的指数效应规律，实现了指数型成长。

众所周知，摩尔定律预测了集成电路上晶体管数量的指数增长，这是最著名的指数增长规律。这一预测不仅成为硅谷的发展引擎，也催生了英特尔、苹果、英伟达等科技巨头的持续创新与成长。它们通过不断推进产品性能的提升，占据了市场的制高点。

另一广泛被应用的指数定律是梅特卡夫定律，这一定律揭示了网络价值与用户数量之间的指数关系，即网络的价值与用户数量的平方成正比。这一定律在Facebook、淘宝、微信等互联网平台的发展中得到了充分体现。当这些平台的用户集中度达到一定阈值后，它们几乎成为各自领域的垄断者，难以被其他竞争者撼动。

数据的乘数效应是又一常见的指数规律，它指出数据产品能够以极低的边际成本服务于庞大用户群。Netflix、YouTube 和爱奇艺等内容平台通过这一效应，以较低的成本提供丰富的视频内容，迅速占领了娱乐市场的大部分份额。这一现象不仅说明了数据产品一旦开发出来，能够以很低的边际成本提供大量的服务，而且说明了某种符合市场需求的数据产品能够快速取得竞争的优势。

因此，初创企业需要思考，应当如何运用数字经济中的指数规律，来设计与产品相匹配的商业模式。长期以项目模式提供服务并不是好的商业模式，而是应该寻找能够持续自我增长并带来指数级效益的商业模式。例如，运用网络效应构建平台型业务，创造一个生态系统；或者利用数据的乘数效应构建 SaaS 服务或者 API 服务，通过订阅服务，获得稳定的收入来源；也可以开发新技术的其他应用场景，将已经经过验证的新技术平移到其他行业场景，以高水平的技术能力快速打开其他行业的市场，实现新技术的快速应用扩展。

场景，未来创新的驱动力

总而言之，场景对于初创企业来说，不仅是实现阶段性创新目标的工具，更是支撑其长期战略发展的关键创新阶段。初创企业需要找到好的场景，用好场景机会，在创造新场景的过程中，打磨出好的产品，探索指数增长的商业模式，最终培育形成支撑增长的新业务。

第四章
场景培育新兴产业

一、从新技术到新兴产业

国家对新兴产业和未来产业寄予厚望，因为这些产业源自科技的重要突破，有潜力成为新的经济增长点，并推动经济实现从传统产业向高技术、高附加值产业的转型升级。历史上曾经多次出现由科技突破带来的经济重大飞跃。19 世纪的工业革命，依靠蒸汽机技术的突破，极大地提高了生产效率，催生了现代工业体系。20 世纪，信息技术革命以计算机和互联网为核心，重新定义了通信、媒体、娱乐及金融服务等众多行业，促进了全球化进程和数字经济的发展。

新技术向新兴产业转化的过程，通常会经历 3 个关键阶段，在每个阶段中，场景创新发挥日益重要的作用。如果能够有效运用，场景创新将极大加速新兴产业的形成。转化的第一个阶段是技术突破阶段，在这个阶段，新技术取得突破，创新空间打开，少数掌握新技术的企业获得发展的先机，能够获得超额的利润，从新产业发展的视角看，由于存在技术的商业保护及初期的高成本，新技术的应用场景较少，行业的整体规模比较小；第二个阶段是技术扩散阶段，在这个阶段，由于技术能力被更多的企业掌握，或者出现标准化产品或平台，新技术的应用成本快速下降，大量的行业企业有能力和动力开发新的应用场景，行业应用进入蓬勃发展阶段，新兴产业进入快速发展的轨道；第三个阶段是商业成型阶段，在这个阶段，大量的商业化应用场景被开发出来，并且形成了与新技术相匹配的商业机制，市场成为支持新兴产业发展的主要力量，产业进入可持续发展阶段，形成一批有规模的新技术企业，新兴产业最终生成。

集成电路产业的发展基本上遵循这一发展路径。1958 年，德州仪器（TI）发明了集成电路，集成电路作为一个新兴产业进入了技术突破阶段。在很长的一段时间里，集成电路属于最前沿的技术，生产制造的成本很高，应用场景也集中于不太关注成本的军事和航空领域。当时，只有少数的科技企业掌握了关键技术，德州仪器、英特尔、摩托罗拉等后来发展成龙头企业的初创企业都位列其中。重要的产业转折点发生在 1971 年，当年英特尔推出第一款商用微处理器——4004，这款处理器最初是为了满足日本计算器公司 Busicom 提出的需求而开发的。由于英特尔公司的远见卓识，将这款处理器设计为具有可编程能力的通用处理器，能够执行基本的算术运算和数据移动操作。英特尔公司意识到，通用处理器可能存在巨大的市场需求，因此决定将4004作为一个独立产品推向市场，这一决策最终改变了计算和技术行业的发展轨迹。随后，英特尔推出了性能更强的8080（1974年）和8086（1978年）芯片，这些低成本、高可用性的通用芯片为大量希望开发个人电脑的企业提供了关键性的技术支撑，催生了那个时代十分繁荣的个人电脑创新，集成电路产业进入了技术扩散阶段。商业成型阶段在IBM PC和微软登场后到来，英特尔、IBM和微软共同定义了个人电脑时代的商业模式，它们共同推出了广受欢迎的基于通用处理芯片的个人电脑产品组合，消费者为电脑硬件和软件买单；与此同时，硬件厂商与软件厂商也在遵循摩尔定律合力推动电脑软硬件的升级，引导消费者更新换代。繁荣的市场吸引了大量的企业参与其中，开发了基于个人电脑的众多新应用场景，丰富的应用场景和庞大的需求持续为研发更高性能的集成电路提供长期的支持，集成电路作为一个由新技术驱动的产业也繁荣发展至今。

在每个发展阶段中，都会有一些重要的因素加速新兴产业的发展。在技术突破阶段，富有创新力的企业是推动技术发展的关键力量；在技术扩散阶段，具有全局带动性的关键性产品，是大幅降低新技术应用成本、大幅加快新技术扩散进程的关键因素；在商业成型阶段，大量的商业化应用场景开发，是吸引大批企业和消费者进入的关键手段。

这些关键性因素的出现，有一些是源自企业对新技术潜在市场机遇的敏锐洞察。例如，英特尔公司推出通用处理器，使集成电路产业发展成支撑个人电脑时代的基础产业；亚马逊公司将云计算从一种基础计算架构发展成云计算服务，推动数字经济进入云计算时代，云计算产业也得以繁荣发展。也有一些源自政府的主动布局与推动。例如，美国国防部高级研究计划局（DARPA）支持的“阿帕网（ARPANET）”计划奠定了今天互联网所依赖的基础技术；在20世纪90年代初期发布的一系列互联网开放政策，促进了互联网从主要用于学术和政府研究向公众开放并商业化的转变，使互联网成为十分繁荣的新兴产业。

促进这些关键因素的出现是新兴产业培育政策需要关注的重点。有创新力的企业、关键性的产品、商业化的应用场景，是推动新技术转化成新兴产业的关键因素。

二、选择有创新力的企业

美国政府长期将支持的重点放在基础和应用研究上，而将商业化阶段的任务留给了产业界。尽管美国在航天技术上处于领先地位，但是其商业航天发展却相对滞后。美国政府认识到，为了维持领先优势，需要再往前走一步，通过积极的政策将航天技术优势转变成领先的商业航天产业，进一步打通技术向商业转换的通道。场景理论认为，美国政府为私营航天企业提供近地轨道的发展机会，为商业航天产业的发展提供了至关重要的场景机会。

美国航天工程长期采取政府出资，大型航空航天承包商承揽任务的模式。在充足的经费支持下，美国国家航空航天局（NASA）取得了骄人的成绩，在完成阿波罗登月计划、国际空间站和火星系列探测任务等令人瞩目的项目的同时，也培养出一批大型航空航天工程承包商，形成了全球领先的航天产业，如洛克希德马丁（Lockheed Martin）、波音（Boeing）、雷神（Raytheon）、航空喷气动力－洛克达（Aerojet Rocketdyne）等。

但是，这种承包模式所带来的问题也相当明显。由于少数几家承包商垄断了市场，所以美国航天新技术创新严重缺乏，并且随之而来产生了高额成本，以至于在2011 年航天飞机退役后，美国甚至长时间失去了将宇航员送入太空的能力，不得不依赖俄罗斯的飞船运送航天员往返空间站。

美国政府意识到，在预算日益吃紧的情况下，依靠原有的工程承包模式，已经难以支撑航天发展的要求，也无益于保持现有的航天领先优势。美国政府寄希望于发展商业航天，通过引入私营企业，激活整个航天产业的创新活力和商业活力。

美国政府的计划是，将近地轨道的运载任务交给私营企业，而将政府的资金投资于深空探索的技术开发和前沿任务。

为此，NASA 启动有竞争性的近地轨道市场开放计划，通过循序渐进的由易到难的验证任务，分阶段为有能力的私营商业航天企业提供市场机会。在这个过程中，NASA 将多年积累的航天技术逐步转移给产业界，并且培养它们的商业能力，以此带动新一轮航天科技的创新，让市场提供具有经济性的航天发射服务。

NASA 先后启动了一系列计划。2006 年启动“商业轨道运输服务（COTS）”计划，旨在开发和演示可以为国际空间站提供货物运输服务的商业系统；随后，2008

年启动“商业补给服务（CRS）”计划，通过该计划为国际空间站提供常态化的货物运输服务。到了2010年，美国国会通过了NASA授权法案，鼓励NASA与私营企业合作，将近地空间运输业务交给商业航天企业，而将NASA的工作重心转向深空探测和更加前沿的领域。基于该法案，NASA启动了“商业船员（CCP）”计划，该计划的目标是促进私营企业开发载人飞船，并确保至少有一种商业载人飞船能够安全、可靠、有效地将宇航员送到国际空间站。

从“商业轨道运输服务（COTS）”计划，到“商业补给服务（CRS）”计划，再到“商业船员（CCP）”计划，NASA分阶段推动私营企业由易到难地承担从近地货运到航天员往返太空站的任务。在每个计划中，NASA都采取“赛马”机制，设定了预研、检验生产、飞行展示等竞赛阶段，以及每个阶段胜出的“里程碑”指标。虽然NASA会预付给参与竞赛的企业一笔费用，但是这笔费用远远不能覆盖企业的研发经费，而且只有在规定时间内达到里程碑指标的服务商才能够获得进一步的经费支持，最后的优胜者将获得后续商业服务的大额订单。

这些计划激发了包括SpaceX、轨道科学公司、蓝色起源等在内的航天科技企业之间的激烈竞争。SpaceX因其卓越的创新力，在竞赛中脱颖而出，率先达到了许多重要的里程碑。例如，2008年9月，SpaceX开发的猎鹰1号火箭成为首枚由私人开发的成功进入地球轨道的液体燃料火箭；2012年5月，“龙”货运飞船与国际空间站对接，成为历史上第一艘达成此成就的商业航天器；2020年，“龙”载人飞船首次成功发射并与国际空间站对接，这是自航天飞机退役以来，首次从美国本土用新型航天器将宇航员送入太空。

自然地，SpaceX获得了NASA的青睐，打破了传统承包商的垄断，获得了NASA授予的商业运载合同。在2020年，SpaceX与联合发射联盟（ULA）一起，被选中为国家安全空间发射（NSSL）项目第二阶段的供应商，这项5年合同包括多达40次发射任务，SpaceX获得了其中的40%份额。

NASA对COTS计划所产生的效果也颇为满意。在2014年发布的该计划的最终报告中，NASA认为，通过与私营部门的合作和使用固定价格的里程碑支付模式，COTS不仅为NASA节省了大量资金，而且成功地开发了新的航天能力；此外，COTS鼓励技术和商业模式的创新，为航天产业注入了新的活力。该计划成功地发展了两个商业货物运输系统，增强了美国对国际空间站的补给能力，进而为未来的商业合作计划，如商业船员计划，奠定了坚实的基础。

在这轮商业航天的竞赛中，SpaceX 取得了令人瞩目的成功。其中，最为人们所称赞的创新是史无前例的可回收火箭技术。这一设计挑战了长久以来火箭一次性使用的传统观念，彻底改变了运载火箭的基本设计理念。此外，SpaceX 成功地采用了多个发动机捆绑以实现大推力的设计策略，实现了火箭大推力和经济性之间的平衡。猎鹰 9 号使用了 9 个梅林发动机，而正在研发中的星舰一级火箭则史无前例地捆绑了 33 个发动机。这种技术策略改变了传统航天领域中追求单台大推力发动机的惯性思维。SpaceX 还广泛地将数字技术引入飞船的控制中。其全自动化的飞行控制系统减少了对人工操作的依赖。SpaceX 的“龙”载人飞船已经展示了其能够完全自动对接国际空间站的能力，几乎无须宇航员的干预，这大大降低了对航天员专业技能的需求。在 2019 年成功完成的 Inspiration 4 任务中，乘组完全由非专业人士组成，这进一步证明了“龙”载人飞船的操作简便性，全自动化的设计为将来大批平民进入太空铺平了道路。

作为一家来自私营部门的初创科技企业，SpaceX 为什么能够超越众多老牌航天企业，实现高难度的前沿技术突破？毋庸置疑，埃隆·马斯克无与伦比的企业家精神起到了至关重要的作用。但是，不可否认的是，NASA 创新性的项目组织方式对 SpaceX 的成长和商业航天产业的发展起到了关键性的激励作用。

首先，NASA 向私营企业开放技术发展早期的场景验证机会，通过为国际空间站提供货运和宇航员运载服务，激励私营航天企业研发新的航天运载方案，培育市场化的商业航天能力。

其次，在项目的组织上，NASA 没有采用传统的任务发包模式或重大科技项目组织模式，而是采用分阶段的竞赛式合作伙伴模式。NASA 允许有能力的私营企业竞赛，同时设定了阶段性的里程碑指标，达到里程碑指标的优胜者将得到承诺的资金和进入下一阶段的资格。在合作的过程中，NASA 也与参与者形成合作伙伴关系，分享关键的知识，并帮助私营企业在航天技术和服务上进行创新。竞赛激发了企业之间的竞争，激励企业在限定的时间内完成技术和商业的突破。同时，多个参赛企业也降低了 NASA 的风险。

最后，通过大单、长单激励企业投入资金开展长期研发。根据协议安排，达到里程碑指标的企业可以获得 NASA 大额的国际空间站货运服务合同。为了获得 NASA 的运输服务合同，SpaceX 等企业主动投入自有资金进行研发。根据 NASA 的报告，在 COTS 项目结束时，SpaceX 承担了执行 COTS 项目所需经费的更大比例，达到 53%。通过商业的激励机制，NASA 在有限的预算下，激发了科技企业的雄心壮志，实现了更大的目标。

NASA通过创新性的商业航天项目组织方式，有效地激发了科技企业的创新活力，成功走出一条崭新的低成本商业航天发展道路，在很大程度上改变了被航天工程承包商挟持的不利局面，在短时间内挽回了已经处于被动处境的美国载人航天事业，将美国在航天领域多年的技术沉淀成功转化为一个充满活力和创新的商业航天新产业。SpaceX、Orbital Sciences Corporation等一批新兴的私营企业成为美国航天产业的中坚力量，美国以私营企业为主体，以低成本商业化运营模式，重回全球领先的位势。

正如前文提到的观点，在新经济的浪潮中，初创的科技企业在许多情况下比大型企业更具有创新力，更加能够把握新技术带来的变革机遇，创造出具有颠覆性的产品。NASA商业航天项目的案例说明，即使在曾经被认为需要国家工程支撑的航天领域，如果综合利用场景机会开放、赛马机制和商业激励等方式，也能够激发出私营科技企业高水平的创新能力。在更多的新技术领域，政府也可以采用类似的方式，将政府的创新政策与企业的发展意愿有效地结合起来，形成政府与科技企业之间的深度创新合作关系，让初创的科技企业成为重要的创新主体。

三、培育关键性产品

新技术只有获得广泛应用，才有可能转化成具有一定规模的新兴产业。但是，即使排除了商业因素形成的壁垒，在开放可用的环境中，让为数众多的行业企业应用新技术也会存在大量的困难。主要的原因在于新技术能力供给不足导致的高成本，致使许多企业即使有需求，也难以在现有的产品体系、市场体系中应用新技术。建立更有效的科技创新成果与产业创新转化之间的桥梁，让更多有意愿的企业能够尽快用上新技术，是科技创新理论及许多产业政策希望达成的目标。

一种解决问题的思路在于降低新技术应用的难度和成本，许多产业政策便是瞄准这一目标的。例如，设立工业技术研究院，其目的在于建立科技创新与产业创新之间的桥梁，通过面向产业需求的技术开发，为企业提供技术支持和服务，加速技术成果的转化和产业化。再如，政府也会鼓励大企业与科研机构建立创新共同体，其目的在于通过建立相对稳定的联合研发机制，促进知识和技术的共享，加速新技术的市场应用。

另一种新的思路在于，通过场景创新项目孵化对行业应用新技术具有带动性的关键性标准产品。标准化产品，意味着这种新技术可以“开箱即用”，应用企业无须过多的研发工作就可以运用其开发新的应用，或者将其融入现有的产品中，从而大幅降低新技术的应用成本。同时，标准化产品也意味着可以运用工业化的方式进行大规模的生产或者提供服务，从而快速地降低新技术的供给成本，加快新技术的扩散速度。标准化的新技术产品，是促进新技术从科技创新成果转化成产业创新力的十分重要的因素。

一般而言，对产业创新有带动性的关键性产品有 3 种类型。一是关键的设备产品，如可重复使用的运载火箭、自动驾驶汽车、人形机器人、MR 头显等，这些设备的研发是创新链中最具挑战性的环节。成功开发这类设备不仅能迅速激活上游的配件产业链，也能促进下游各种应用场景的发展。例如，iPhone 不单引领了屏幕、芯片和各类传感器的开发及其量产规模化，更重要的是，通过 App Store 创造了前所未有的应用生态系统。

二是关键性元器件和组件，如高性能芯片、新型显示组件等，这些元器件的技术突破和量产突破可以推动整个产业进入一个新的发展阶段。例如，元宇宙的蓬勃发展在很大程度上依赖于小尺寸高分辨率的显示组件和高性能的空间计算芯片。尽管对元宇宙的讨论和研究已经进行了多年，但关键组件的量产能力直接决定了其爆发的时机。

三是基础性平台，在人工智能领域的价值尤为明显，如谷歌的 TensorFlow、OpenAI 的 ChatGPT 等。这些平台不仅指明了创新的方向，还为开发新型软件或应用场景提供了即插即用且成本低廉的工具，促进了整个产业的创新、创业，以及业态的快速发展。这种模式在数字经济领域已多次出现，早期的大数据开源框架和云计算平台等也是例证。

SpaceX 在 NASA 商业航天计划中得以脱颖而出的重要原因，除其卓越的技术创新能力之外，还有其一以贯之的产品化思维。SpaceX 的火箭从设计到生产过程都是围绕可大规模生产理念展开的。例如，SpaceX 曾经大幅简化其猛禽发动机的设计，将发动机零件数量从原先的 3000 多个减少到了相对简单的 70 个左右，极大地降低了制造复杂度和成本。同时，SpaceX 也借鉴了汽车行业大规模生产的经验，让特斯拉的工程车指导 SpaceX 的生产制造流程，从而大幅提升了批量制造发动机的能力，这种能力让 SpaceX 采用快速迭代试错的方式开发捆绑 33 台发动机的巨型星舰火箭成为可能。据报道，在 2019 年，SpaceX 的工程师和技术人员制造第一艘星舰用了 8 个月，而半年后，SpaceX 只用 1 个月就能造一艘星舰。

可回收加上标准化的产品思维，带来 SpaceX 发射成本的快速下降。再加上采用低成本材料、简化设计等手段，星舰有可能成为人类开发深空资源的关键载体。根据美国智库 CSIS 估算，使用星舰往太空中运送 1 千克物资的成本预计会降至 200 美元，是此前最便宜火箭猎鹰 9 号的 7%、土星 5 号的 3%。

除了在设计和制造层面深度贯彻产品思维，SpaceX 还充分利用 NASA 提供的发射机会，将其视为打磨完善产品的机会，而不是获取利润的机会。这种思维引导 SpaceX 走向持续改进标准化产品之路，在参加 NASA 竞赛的短短几年内，成功开发出高可靠性的可回收火箭，使其科技创新能力和产品能力远远领先于那些处于垄断地位的航天工程承包商。

NASA 商业航天计划取得成功，一方面得益于精巧的竞争性机制的安排，另一方面得益于出现了以 SpaceX 为代表的产品开发导向的科技企业。它们将来自政府的早期支持转变成开发产品的机遇，瞄准了宏大商业远景的基础设施而努力。SpaceX 提供的低成本商业航天运输能力，已经催生了许多原来难以实现的新服务，如巨大的星链网络、商业航天观光服务等，同时也激励着更多的科技企业进入新兴的商业航天领域，一个新兴产业即将呈现。

产品化思维所带来的成本降低效果在其他消费行业和工业领域也会形成显著的效果。得益于摩尔定律，几乎所有人都能买得起装载了超过百亿晶体管芯片的手机，每一颗超大规模的芯片都是最复杂的一种人造物，繁荣的互联网世界和产业正是建立在这些超级芯片之上。这些融合了新技术的关键性产品是支撑新兴产业发展的基础，也是关键性的因素。因此，对于希望培育新兴产业的政府而言，不仅需要将场景创新项目作为促进新技术创新的工作，而且要更进一步，将场景创新项目设计成引导关键性产品生成的工作。这首先需要将场景创新项目设计为面向新技术产品的验证和开发，同时需要选择与将开发产品作为发展战略的企业进行合作，将场景创新项目设计成新技术产品的孵化器。

四、开发商业化应用场景

在技术研究、产品开发获得突破之后，新兴产业培育的重点应该转向商业市场的开发。对于所有的新兴产业而言，政府的早期订单仅能发挥验证产品、引导市场的作用，真正繁荣的产业需要来自市场的购买力。

根据被广泛引用的《华尔街日报》的报道，SpaceX 在 2023 年实现了赢利，结束了多年亏损的状况，这对于需要投入巨额资金进行研究的商业航天企业而言实属不易。SpaceX 的赢利来源于对各种商业化场景应用的开发，除了发射服务外，最重要的应用场景就是星链的通信服务，星链服务带来的收入在很大程度上支撑了 SpaceX 的赢利。此外，正在开发的商业太空旅行也将会成为 SpaceX 重要的收入来源，2022 年 4 月，SpaceX“龙”载人飞船首次把全平民游客组带到空间站，这成为商业太空游全新时代的开端。

随着 SpaceX 进入赢利发展阶段，一个具有自我发展能力的新兴市场已经初现曙光。在此过程中，美国的制度创新也起到了十分积极的作用。例如，美国联邦政府出台了《商业航天发射竞争力法案》(*Commercial Space Launch Competitiveness Act*)，通过多种方式鼓励商业航天和创新，包括：将对私营航天企业的重要监管时点推迟到 2023 年；延长政府赔偿商业航天企业超出其要求的责任保险的第三方损害的期限；给予私营企业在太空中采矿的权利等。航天企业集聚的佛罗里达州也颁布了《航天实体责任法案》(*Spaceflight Entity Liability Bill*)，进一步保护商业航天企业，避免其因乘组人员或乘客在任务中受伤或死亡而承担法律责任。这些法案都极大激发了商业航天企业开发商业场景应用的动力。

可以预见，随着蓝色起源等更多的商业航天企业成长起来，更多的商业化应用场景将会被开发出来，商业航天市场将迎来井喷。

近几年，中国商业航天产业也进入了快速发展阶段，在可重复使用液氧甲烷运载火箭、大型固体火箭、小型快速发射火箭等领域，取得了许多全球领先的进展，有望形成万亿规模的新兴产业，并且取得全球竞争优势。但是，正如许多新兴产业曾经的发展轨迹所表明的那样，能否在全球新兴产业竞争中取得最终的优势，市场化应用场景的开发及随后形成的市场购买力，是比政府订单更为重要的推动力。

历史上，苏联与美国开始布局半导体产业的时间相差不多，但是经过若干年，苏联却被远远甩在后面。其中的一个重要原因在于，美国的半导体企业，包括英特尔、德州仪器等龙头企业在内，在通过政府订单完成初期的产品开发后，都十分及时地将集成电路应用场景开发的重点从军用领域转向了消费领域，如个人电脑、消费电子产品、通信设备等，通过市场的力量保持企业持续的创新力。

因此，当新兴产业进入了全面商业的阶段，产业政策的重点应当转向帮助企业开发商业化的应用场景，由此获得长期的发展能力。第一项重要的工作是引导市场主体，也就是大量的行业企业开发新技术应用场景。虽然在技术尚未完全成熟时开展大规模的应用存在一定的风险，但是需要认识到开发多样化的应用场景是新兴产业发展的必由之路。如果能够做好风险控制，收益的不仅是提供技术的科技企业，应用技术的行业企业也将能够获得巨大的收益，或是提升生产运营的效率，或是推出融合了新技术的产品。而在此过程中，政府应当做的是通过政策或创新资金，鼓励行业企业应用新技术开发新场景。如何激励大量的行业企业开发应用场景，是场景工作的重点，也是难点，后面的章节将会重点讨论该问题。

第二项需要重点开展的工作是降低应用新技术的成本。一方面是推动前文已讨论的关键产品的生成；另一方面是降低新兴产业基础设施的服务成本。例如，对于应用人工智能新技术而言，如果能够大幅降低算力的使用成本，将会促使大量的行业企业得以开发独有的应用场景。产业政策应当考虑通过投资支持、税收优惠、服务补贴等方式降低产业技术设施的服务成本。

第三项工作是消除阻碍新技术应用的制度障碍。如与生成式人工智能有关的版权制度、与低空经济相关的空域管理制度等，这些都是与新兴产业发展休戚相关的制度性安排，需要在新兴产业发展的早期进行制度创建，通过制度的创新为大规模的市场化应用打开空间。

总体而言，开发商业化的应用场景是新兴产业发展的必经之路，政府提供的应用场景能够引导企业开发技术和产品，但是仅靠政府的投入是不足以生成一个新兴产业的。需要激活市场主体内在的动力，引导市场主体开发商业化的应用场景，通过大量商业化应用场景，培育市场需求和大批的应用开发企业，最终形成具有自我发展能力的新兴产业。

第五章
场景牵引产业升级

一、产业创新主导权的转换

借助中央研究院模式，大企业曾是产业创新的领导者。然而，随着新技术革命的浪潮涌现，它们的创新能力逐步衰退，创新的主导权逐渐转移到初创企业，大企业面临前所未有的挑战。在这种背景下，场景创新为大企业提供了重构产业创新体系的新路径，帮助其恢复在产业创新中的领军地位。

中央研究院模式兴起于20世纪早期的美国企业，这种模式让大型的工业企业得以开展系统的技术研究，以保持在行业创新中的领先地位。第一个成建制的企业中央研究院是成立于1900年的通用电气GE研究院，在随后的半个多世纪中，GE研究院与贝尔实验室、杜邦实验室、IBM研究院等共同成就了企业中央研究院最辉煌的时代。许多今天已经十分普遍的产品都源自大企业中央研究院的研究发现，如贝尔实验室发现的半导体、激光，IBM发明的硬盘等。它们的研究成果引领了行业的创新浪潮，同时也极大地推动了人类在基础科学领域的发现，其所获得的基础性研究成果及收获的诺贝尔奖让许多顶尖的大学深感压力。

但是，到了20世纪末，企业中央研究院模式逐步地走向衰落。1996年，享有盛誉的贝尔实验室在AT&T被一分为三；2009年，杜邦马歇尔实验室被关闭；2015年末，杜邦中心实验室被改名为杜邦科学与创新公司；2017年，GE中央研究院大幅裁员。带来这种转变的根本原因来自大企业内在的发展规律和创新外部条件的变化。

对于大企业难以做出具有颠覆性的创新的原因，克里斯坦森教授在《创新者的窘境》一书中已经进行了充分的阐述。简而言之就是，大企业通常专注于维持现有的成功和利润，它们有成熟的产品、服务和运营模式，这使得它们很难去冒风险开发尚未被市场验证的新产品。而颠覆性创新通常需要跳出现有的框架，重新思考业务模式和市场需求，这与大企业的稳定性和现有运作方式形成冲突。虽然大企业通常具有庞大的资源、资金和人力，但是这些资源也成为阻碍创新的因素。大企业更倾向于将资源投入已有的产品和市场上，而忽视了新兴的、尚未成熟的领域。同时，大企业的组织结构和决策过程往往笨重，难以灵活地应对变化和创新。基于以往的成功，大企业往往建立了一种稳定的组织文化和经验积累，这使得它们更加重视规范和流程，对风险较为谨慎。然而，颠覆性创新往往需要承担较高的风险和不确定性，需要试错和接受失败。大企业往往不太愿意承担这种风险，而更倾向于保持稳定和低风险的发展路径。

与大企业中央研究院衰落的趋势相反，初创企业在新技术浪潮面前显示出更强的创新能力，更容易做出具有颠覆性的创新。其中的关键原因在于初创企业具有更强的创新力，这表现在创始人和团队成员通常具有较高的热情和动力，愿意冒险尝试新的想法和方法。他们能够更加开放和敏锐地察觉市场的变化和机会，愿意挑战现有的做法并寻求改变。这种创新文化使得初创企业在开放式技术体系中，更有可能凭借创意和创新精神实现颠覆性创新。虽然初创企业可能缺乏大企业那样庞大的资源和资金，但这种资源的限制也促使它们更加创造性地利用有限的资源。在资源有限的情况下，初创企业可以更有创意，更容易采用灵活、高效和低成本的方式来实现颠覆性创新，从而开拓新兴的市场，并改变行业格局，苹果、谷歌、OpenAI 等企业都是通过颠覆式创新成为行业领导者的。

二、为大企业导入创新能力

在当前的市场环境中，行业龙头企业必须面对的现实是，外部的创新新势力正在快速崛起，初创的科技企业成为强有力的创新引领者。特别是在新兴的人工智能、芯片、无人控制等新技术领域，大批高水平的人才选择创业而不是进入大企业，导致大企业跟上新技术浪潮的难度越来越大。

能否有效地导入外部创新能力和资源，提升自身的创新能力，从而保持市场竞争力，是当前值得许多行业龙头企业认真思考的问题，也是十分重要的创新战略问题。中冶赛迪与创新奇智围绕“智慧铁水”场景开展的合作创新，为行业龙头企业开拓新的创新模式提供了借鉴。

在传统钢铁生产过程中，由机车牵引铁水罐车完成高炉与炼铁车间的铁水运输，每台机车配备一两名司机，司机接受调度下发指令，人工选择行进线路。运输途中，司机需 12 小时不间断频繁上下车作业，重复操控机车、放置铁楔、摘钩、扳动道岔、停车对位、识别轨道上障碍物等一系列动作，操作烦琐、劳动强度大、效率低。加上高温、粉尘、噪声等恶劣环境，面临着作业效率难以提升、安全隐患难以消除、人力成本持续攀升等问题。利用新技术实现无人化、少人化的安全铁水运输，成为所有炼钢企业迫切的任务。

满足钢铁企业这一需求的方案是明确清晰的，即运用已经发展起来的人工智能技术和自动驾驶技术，开发可以自动运行的铁水转运系统，用自动运行的机器替代人工，能够显著降低作业的风险。

在面对众多钢铁企业的需求时，作为国内领先的钢铁工程技术服务公司，中冶赛迪并没有选择自研模式，而是以具体的场景合作创新作为切入口，与业界一流的工业人工智能初创企业创新奇智建立紧密的合作伙伴关系，快速导入业界领先的人工智能技术，共同开发“智慧铁水”应用场景，并形成可复制的解决方案，形成新的业务增长点。吸引中冶赛迪选择创新奇智的原因在于该公司在工业人工智能领域的创新能力。该公司由李开复创办，是业内领先的企业级 AI 解决方案供应商和“AI+制造”解决方案供应商，于 2022 年 1 月在港交所成功上市，是“AI+制造”第一股。

双方的合作启动于一个具体的应用场景项目，即宝武集团湛江钢铁的“智慧铁水”项目。根据报道，该项目启动于2017年；随着项目的推进，双方看好AI在工业领域的应用空间，于是在2019年3月进一步加深合作，在重庆联合成立了赛迪奇智，以该企业为商业平台共同推动“智慧铁水”场景的落地和推广。在赛迪奇智的治理结构中，中冶赛迪持股49%，创新奇智持股51%，赛迪奇智以成为“工业人工智能领导者”为发展目标，通过整合两家公司的优势及资源，打造以人工智能应用产品解决方案为核心的创新型科技企业。

2020年7月，“智慧铁水”场景成功在湛江钢铁落地，这套系统通过人工智能等新技术，实现铁水运输各环节的自动化联动。全厂8台机车、28台混铁车实现全系统无人化运行，有效提高了铁水运输整体运行效率，也将人从高温、噪声、粉尘的工作环境中解放出来。据报道，湛江钢铁机车台日产量提升至4500吨以上，人力成本减少近70%。该案例获得了央视的多次报道，成为智慧钢厂的典型案例。

这是一个成功的行业大企业与初创科技企业合作的场景项目。通过联合打造“智慧铁水”场景，各方获益良多。一方面，中冶赛迪成功地导入了外部创新能力，推动了人工智能技术在钢铁行业的落地。随着湛江钢铁“智慧铁水”项目的标杆效应逐步显现，中冶赛迪依托赛迪奇智，先后在包钢股份、中天南通基地、河北天柱钢铁等钢铁企业推广了“智慧铁水”解决方案；赛迪奇智也借此推出更多的钢铁行业人工智能新技术应用，逐步成为钢铁行业领先的新技术创新企业。中冶赛迪成功发挥行业龙头企业的产业场景资源优势，通过与科技企业开展场景合作，成功培育了新的业务增长点，开辟了一种新的创新发展模式。

另一方面，对于创新奇智而言，与中冶赛迪合作也成为其发展道路上的关键转折点，其招股说明书中肯定了场景的价值。创新奇智认为，获得成功的重要原因在于“技术产品+行业场景”双轮驱动，在制造、金融等不同垂直行业领域，从小切口着手，聚焦智慧铁水运输、智能工程雷达检测等单一场景，与有行业影响力的标杆客户建立合作，采取“1+N合作、1*N扩张”的入市策略，从而不断向新的行业垂直领域进行业务扩张，实现业务领域从0到1、到1+N、再到1*N的全过程。“1+N合作”，即针对特定行业的关键痛点，通过创新单一场景展示AI产品及解决方案，与该行业的领袖企业建立业务联系，通过树立首个场景项目成功典范，让客户体会到AI技术的潜在价值，并鼓励客户利用AI解决更多的应用场景问题，从而创造客户黏性，与相同客户探索更多合作机会进行AI转型。“1*N扩张”，即通过与单一客户建立合作关系，成立合资公司，利用其行业资源，提炼出适用于某一细分领域的共性模型，形成行业性解决方案，然后在同行业内类似公司快速复制，以快速渗透至相关垂直行业，为AI产品及解决方案创造网络效应。而与中冶赛迪的“智慧铁水”合作被列为重点业绩案例，在招股说明书中予以重点讨论。

场景创新提供了一种提升大企业创新能力的方法和工作抓手。围绕具体的场景与新技术科技企业开展联合创新，不仅解决了产业的痛点问题，而且能够发挥大企业与科技企业的优势——来自大企业的场景资源优势、来自科技企业的新技术能力。一方面，帮助大企业获取外部的创新能力；另一方面，也能够帮助科技企业找到更有价值的新技术用武之地。

更有价值的一点是，作为一种介于完全自由探索和目标明确的科研任务之间的创新模式，场景创新为合作双方留出了自由创造的空间。不确定性是创新的特点，也是创新过程的内在规律，留出自由创造的空间，能够在更大程度上激发合作双方的创造力。这也是在确定的轨道之外，通过创新开拓新赛道的重要机制。

因此，在新经济条件下，场景创新对于大企业提升创新能力是十分重要的。这种模式能够激活大企业独有的场景资源优势，也能够激活新经济科技企业的创新动力，是应当大力倡导的大企业创新体系建设的新路径。

三、产业场景创新提升产业链的整体创新能力

在产业层面，场景创新也是一种更有效率的产业创新路径选项。通常情况下，产业领域的创新路径有两种：一种方式是大企业出题，交给科研院所答题；另一种方式是成果转化模式，即研究机构先行完成了实验室的研究，然后交给企业界完成产业化的开发。这两种模式都是单向的线性化的创新方法，存在的共性问题是知识创造环节之间是相互独立的，无法实现高效的知识融合，同时，也无法绑定双方的商业利益。而场景创新模式提供了一种大家在“一起干活”的机制，商业目标明确，利益机制绑定，创新的支撑条件也有保障。

在具体的实践中，新产品的开发、新制造工艺的开发、新生产制造装备的开发，以及内嵌于智能产品的软件开发，都可以运用场景创新模式开展，如特定电池型号的配套材料配方研发、特定手机型号精密制造生产线的配套装备研制、与某型号智能汽车匹配的智能软件或芯片的开发、针对某种疾病的AI识别算法的开发等。产业场景联合创新的核心机制在于：①面向有产业应用空间的具体新技术，进行创造性应用的开发；②供需双方联合创新，共同投入资源、人力和必要的创新要素；③共同完成商业和技术开发目标，并且共享收益。

上文详细讨论的“智慧铁水”合作即是体现了场景创新特征的案例。第一，双方围绕人工智能、自动驾驶技术在铁水运输，以及更多的钢铁冶炼场景中的应用开展合作，这些人工智能应用在钢铁冶炼行业中具有广泛的需求，一旦试验成功，依托中冶赛迪的行业基础，有条件在全行业进行推广；第二，双方为了完成该场景，都投入了足够的资源，中冶赛迪投入了湛江钢铁的场景资源，以及行业的专业知识，创新奇智投入了人工智能的专业知识和创新团队；第三，双方的合作目标并不止于完成科技项目，而是希望孵化出可以在钢铁行业全面推广的解决方案，双方甚至还成立合资企业——赛迪奇智，以该企业为平台做深智慧钢铁新赛道。

因此，产业场景创新是有别于科研课题的产业创新组织模式。该模式的目标是培育形成具有产业推广价值的新产品、新方案，甚至是新企业，而不是仅仅完成某一种新工艺的开发、新设备的研发。这种商业目标导向的创新模式在很大程度上提升了创新的效率。

相比企业出题模式和成果转化模式，产业场景创新提供了大企业与科技企业或者研发机构之间进行合作创新的“连接点”。围绕着这个“连接点”，首先，双方的联合创新目标更加明确，也更加具有可落地性，一旦完成研发工作，可以快速进行商业化推广，减少了成果转化的环节；其次，围绕“连接点”，双方专业知识、行业资源与创新团队可以更好地融合在一起，达成跨界创新的目标；再次，场景创新在真实或模拟真实的环境中开展研究，可以更好地保障研发成果能够满足市场的需求；最后，双方建立收益分享机制，能够在更大程度上让合作双方形成共同的价值目标，激发合作方的创新积极性。

此外，场景创新可以通过开放对接机制，遴选更具技术匹配度和更有积极性的合作方参与。例如，发布场景机会、开放对接、举办有针对性的场景对接会、举办专题性的场景大赛，以及“揭榜挂帅”等方式，都是业内普遍采用的开放选择合作伙伴的形式。开放对接机制能够在一定程度上消除“小圈子”导致的知识固化问题，虽然会导入风险因素，但是既然场景创新的目标是追求新技术的创造性应用，“出圈”跨界创新就是关键目标，承担一定的风险也是必然的选择。因此，开放对接，让更多没有进入原有视野的新经济科技企业成为创新合作伙伴，从而提升创新的效能，是场景创新十分重要的价值，也是场景创新正确的做法。

作为链主，龙头企业当仁不让地应该发挥创新引领作用，通过高质量的创新带动全产业链的能力提升。发挥龙头企业创新引领作用的方法有许多。一种模式是通过行业龙头新产品的开发带动全产业链的创新。这种模式通常出现在大装备行业，如大飞机、高速列车、重型机械装备、汽车等。这种模式以龙头企业开发新次代产品为契机，将新产品所需要的关键零部件、关键材料、关键制造工艺和数字系统分别交给专业的企业进行开发，之后由龙头企业完成产品的组合，通过龙头产品的升级实现整个产业链上材料、工艺、装备的技术升级。

另外一种模式是通过行业关键性的元件、组件升级来推动全产业链的升级。这种模式通常出现在集成电路、平板显示、光伏太阳能、新能源等产业。这些产业的升级是由关键元件、组件的性能和产量所驱动。例如，LCD 面板企业所提供的面板尺寸、性能决定了整个显示产业的创新水平。一旦新次代产品的量产工艺得以突破，将带动上游材料、装备的研发，并且驱动下游应用产品的创新，由此带来全行业的创新能力提升。

在新经济时代中，还有一种模式能让龙头企业发挥关键性的创新引领作用，这就是开展行业的场景创新。正如上文所讨论的，人工智能、工业机器人、传感、元宇宙等新技术在产业链上、中、下游都有可能创造出新场景，这些新场景有可能大幅提升链上企业的效率，或是开发出新的装备或更有市场的新产品，在开发新场景的过程中，还有可能孵化出新的业务，为传统产业开辟新赛道提供了一种路径选择。但是，从产业链的层次看，新技术在产业链中所能创造的新场景量大面广，涉及的企业主体类型或规模也多种多样，如果仅靠链上企业自觉地开展场景创新，有可能难以发挥场景创新在产业层面的积极作用。

行业龙头企业也应当发挥促进行业场景创新的积极作用，通过系统性的工作，提升行业场景创新认知和工作有效性，推动产业链层面的新场景开发。

第一种策略是由龙头企业主动开放场景机会，率先采用新技术打造行业标杆应用场景，通过示范带动行业性的场景创新。例如，宝武集团作为钢铁行业的龙头企业，率先提出万名"宝罗"应用计划。"宝罗"是宝武集团对钢铁冶炼各环节机器人的昵称，宝武集团计划到 2026 年要使用万名"宝罗"机器人，取代的是钢铁行业的"3D"岗位，即 dangerous（风险大）、dusty（环境差）、difficult（困难）。通过机器人取代人，实现生产现场少人化、无人化，把员工从恶劣环境、危险岗位解放出来，并通过机器人的应用提升钢铁作业效率，有效应对老龄化社会。目前，宝武集团已经识别出 100 多种机器人使用场景，将使用不同的"宝罗"完成各种场景的无人操作。例如，将"工业宝罗"应用于生产现场；将"服务宝罗"应用于智慧业、园区业、产融业等服务场景；将"特种宝罗"应用于需由专门培训的人员操作，辅助或替代人执行任务的特殊场景。许多"宝罗"已经成功取代了"3D"岗位的繁重工作，创造了机器人在钢铁行业中的应用新场景。例如，高炉炉前加泥机器人已经实现了全自动加泥作业场景，取代了原来高炉炉前高风险的人工操作。万名"宝罗"应用计划不仅解决了宝武集团的经营生产痛点，而且作为行业龙头企业，其"宝罗"计划给全行业提供了标杆，给全行业开展机器人新场景建设提供了方向和激励。

第二种策略是由龙头企业组织开展行业的场景大赛。可以依托行业的龙头企业组织行业性的场景大赛，广泛收集产业链上下游企业的共性新技术应用需求作为赛题，并发挥龙头企业对于行业的号召力，吸引更多的新经济科技企业参与赛事，以实现更好的大赛效果。例如，2021 年 5 月，上海市国资委联合经信委、科委举办上海国资国企数字化转型创新大赛。在赛事的组织上，分别依托上海仪电、上海信投、上海银行、上海电气、百联集团 5 家市属国企，组织数字城市、数字底座、数字金融、数字智造、数字商贸 5 个分赛道比赛。由于这些行业龙头企业的号召力，大赛取得了十分喜人的效果，共征集到 100 多个国企数字化转型场景机会，以及

1500个新技术能力方案，推动30家获奖企业与市属国企签订战略合作协议，达成意向合作金额超1亿元，摸索出一套场景促进企业创新、加速数字化转型的新模式。

第三种策略是由行业龙头企业提供开放的新技术应用场景试验平台。龙头企业拥有独特、丰富的行业新技术应用场景资源，开放这些资源对于打磨新技术、新产品十分重要。鉴于引入新技术可能会给生产运营体系导入风险，因此直接开放生产环境的场景机会比较难以推行。如果能够开辟一个体现真实生产环境的试验空间，将能够在生产保障和新场景试验之间取得平衡，为新技术场景试验提供巨大的支持，也为行业龙头企业尝试应用各种新技术提供至关重要的试验场。天津港集团积极打造了智慧港口场景试验场，面向科技企业开放多种智慧港口的场景机会，联合华为、中国移动、主线科技等头部科技企业，研发推出了一批行业引领性的创新成果，为传统码头自动化改造提供了可复制推广的解决方案。例如，围绕港口自动驾驶场景，天津港集团联合主线科技共同研发人工智能运输机器人（ART）、无人驾驶电动集卡，实现港口真实复杂作业场景中的高精度、无人化、全天候、安全稳定的集装箱自主水平运输作业；围绕港口5G远程控制场景，天津港集团与华为、中国移动联合创新，综合运用5G、AI、云计算等新ICT技术，开发“智能水平运输管理系统”，实现码头生产、场桥、岸桥、ART、充电桩等关键资源的远程控制，改变了天津港货物运输和装卸方式，实现港口作业流程自动化、智慧化。天津港集团通过与多家科技企业合作，迭代式打造各类智慧港口的场景，大幅提升了港口运行效率和安全生产能力，同时也为众多科技企业、科研机构的新技术、新产品提供了验证应用机会。天津港集团联合多元创新主体搭建开放性的行业创新平台，进一步强化了国有企业科技创新的主力军作用。

总而言之，场景创新模式通过更加清晰的目标和更加明确的商业机制，能够更有效地激发合作方的积极性，在短时间内集聚创新要素，实现快速的“聚变”式创新，加速产业创新的进程。

四、采用创新共同体支撑场景创新

创新联合体是比较有效的场景创新组织机制，合作方能够建立相对长期的联合创新关系。《北京市创新联合体组建工作指引》提出，创新联合体是多个主体联合攻关的一种组织模式，是以企业为主体、市场为导向、产学研用深度融合的技术创新组织，以解决产业发展关键核心技术，研发具有先发优势的关键技术、引领未来发展的基础前沿技术为目标，以共同利益为纽带，以市场机制为保障，以“揭榜挂帅”等为手段，由创新资源整合能力强的领军企业或领衔机构牵头，联合相关领域核心科研机构、高校以及产业链上下游企业等共同参与组建的体系化、任务型、开放式紧凑创新合作组织。

小米是首批获得北京支持的创新联合体牵头企业。在科技部和北京市的支持下，2022 年 7 月，小米集团牵头，联合产业链上下游企业、高校院所等 20 家创新主体成立了“3C 智能制造创新联合体”。该创新联合体集聚智能制造领域科研、产业、应用优势资源，涵盖基础研究、技术协同攻关和应用场景验证等环节。依托创新联合体机制，小米为首批参与共建的初创企业，如珞石机器人、思灵机器人、凌云光工业检测、衫数供应链优化等提供新技术验证的机会。小米集团技术委员会主席王斌认为，“在小米的智能工厂里，创新联合体中企业、高校院所所研发的关键技术，都将获得在产线上验证的机会”。

中国工程院向巧院士、沈荣骏院士和杨善林院士研究团队在《航空发动机关键核心技术攻关的组织策略研究》中提出，为了加快我国航空发动机的技术攻关，需要引导激励各类主体主动对接国家战略、重视需求侧对技术发展的牵引作用、由领军企业主导构建一批面向用户需求与产品问题的创新联合体、以重大项目为载体构建创新生态系统，由此高效组织各类主体协同攻关航空发动机关键核心技术。需求侧的牵引作用对于产业关键核心技术研发至关重要，着重体现在两个方面：为关键核心技术提供测试、应用场景，在飞行实践中不断试错和测试，积累经验数据以助力性能持续提升；通过产品转化、大规模应用，实现关键核心技术的产业价值。通过组建“政产学研用”创新联合体，面向用户具体需求与产品具体问题，按照“小核心、大协作，专业化、开放型”架构，将关键技术突破、样品规模应用、产业生态培育紧密结合起来，通过需求端的市场释放不断提高核心产品与技术的稳定性及可靠性，从根本上保障航空发动机关键核心技术突破。

实践表明，关键核心技术都是复杂综合性技术，其研发突破非单一创新主体能够承担与完成。组建创新联合体是提升企业技术创新能力、实现关键核心技术突破的有效组织形式。

我们认为，创新联合体是一种有效的支撑产业场景创新的组织方式。通过领军企业或领衔机构的牵头组建，集聚产业链上中下游、大中小企业和高校院所等各方优势力量，形成全方位的创新合作网络，可以有效汇集各方的专业知识、资源和优势，提高创新的综合能力和效率。同时，任务型和开放式的合作方式也能够激发成员之间的创新活力，以市场导向和共同利益为基础的合作模式，能够推动关键核心技术和基础前沿技术的突破，促进市场的拓展，从而推动技术的进步和产业的发展。

五、促进大企业开放场景

以产业场景创新为切入点，通过企业间的联合创新，可有效加速前沿技术创新及进入产业价值体系，这对在传统产业中培育新赛道具有重要的价值。但是，需要看到，目前开展的产业场景创新依然是少数领先企业的探索，尚未成为各行业的普遍实践。其中的原因在于：首先，多数行业的龙头企业尚未全面认识到产业场景创新模式对于提升企业科技创新能力，进而促进全产业链创新能力的重要价值；其次，现有企业考核机制难以鼓励大企业建立跨界创新机制，虽然龙头企业具有行业内足够的影响力，但是在众多新技术不断涌现、大批科技初创企业百舸争流的新经济时代， 龙头企业跳出现有供应链体系的边界，接触更为广泛的新技术企业，以实现更为跨界的创新，仍然需要更大的平台和强有力的外部推动力；最后，现有创新制度安排对于产业场景创新并未给予足够的覆盖，需要构建更加适合产业场景创新的制度和服务体系，明确相关政策。例如，领军企业支付给科技初创企业的研发经费是否可以列支为研发经费支出；领军企业和科技初创企业组成的创新联合体的研发课题能否获得政府科技经费的支持；领军企业对科技初创企业的股权投资能否获得政策的支持等。政府有必要从产业链整体发展的角度，进行更为精准的创新政策设计，鼓励企业间开展产业场景的创新，以及为市场化机构提供创新促进服务，以提升产业链整体的创新能力。

政府和行业的龙头企业应该率先行动起来，将场景创新的理念和实践导入产业的创新体系。

第一，建立场景资源观，深度开发新技术应用场景。对众多行业龙头企业而言，新技术的潜在应用场景无处不在，遍布企业运营的各个层面和产业链的每个环节。在企业价值链的层面，新技术产品、更高效率的生产装备、数字驱动的服务、节能减排和数字化管理等，都存在大量的挖掘应用场景的机会；在产业链层面，对优化产业组织效率、提升产业整体效应有带动作用的新技术或新产品，也是值得高度关注的新技术应用场景机会。好的应用场景，是那些对企业和产业整体绩效有巨大带动作用，且能够孵化有商业价值新产品的新应用。行业龙头企业应当建立场景资源观——每一种具有行业领先性和通用性的新技术应用，都有潜力转化成可推广的商业解决方案，而不仅是一项新技术的应用任务。龙头企业如果利用好其行业优势地位和资源，配合上有效的商业孵化举措，将能够大幅提高将标杆应用转化成商业新方案的可能性。

第二，建立开放、可迭代的新技术应用场景试验机制。首先，应优先考虑基于行业龙头企业无处不在的新技术应用需求，建立开放且可迭代的应用场景试验场。基于此试验场，行业龙头企业或其他企业都可释放其场景应用需求，以开放创新的机制，引入优秀的科研机构、科技创新企业等开展联合创新。其次， 通过可迭代的应用场景试验机制，龙头企业在不影响业务运行的前提下，可试验各种新技术、新产品，评估潜在的创新价值。这种模式是对传统产业科技创新模式的重大突破和积极尝试，它不把创新的成功率作为单一的决定性指标，而是着眼于在一定试错空间内追求突破性的跨界创新。

第三，大企业应建立与场景创新相配套的商业孵化机制。在标准的科技项目管理机制下，创新项目结束于验收会。这种模式关闭了将项目创新成果进一步孵化成具有推广价值的解决方案或新业务的可能性。场景创新的目标不应局限于新技术的使用，而是应当更进一步，通过商业孵化机制，将创新成果进一步孵化成具有商业价值的解决方案和新业务。这需要在项目组织过程中，有意识地选择承载创新成果商业化的主体。具有创新力的科技初创企业无疑是最为合适的选择，但对于许多龙头企业而言，由内部孵化的专业企业承担创新成果商业化的角色也是一种好的选择。同时，需要有合适的商业化投入机制，安排必要的风险预算，或者引入外部的风险资金投资，共同推动创新成果的商业化。此外，还需要建立或导入专业化的孵化服务，为开展场景创新的科技初创企业提供必要的成长服务。

第四，政府应发挥积极作用，推动产业场景创新。政府有许多种政策手段可以使用，其中最直接的方式是支持场景创新项目，通过精心筛选或谋划有代表性和行业引领性的标杆项目，打造场景创新标杆。其次是打造产业场景创新平台，通过市场化购买服务的方式，提供专业的促进服务，帮助更多的企业导入场景创新模式。场景创新促进服务包括：清单打磨、项目谋划、供需对接、企业培育、市场推广等。此外，政府还可以在现有框架内设立专门投资于场景创新成果的基金，与行业龙头企业和风险投资机构合作，共同发掘和投资那些具有高潜力的科技企业。

第五，将城市的产业培育体系与企业的场景创新相衔接。每个城市都拥有强烈的培育发展新动能的意愿，这与行业龙头企业通过场景创新培育新业务增长点的目标存在高度的匹配度。两个方面应当紧密衔接，实现多方共赢的效果。一方面，需要将企业要开展的场景创新项目，纳入城市的场景机会清单，并给予场景创新政策的支持；另一方面，应当推动行业龙头企业与城市共建新技术应用场景试验场，依托城市的产业培育体系，建设更加开放的试验环境，提供更高水平的新技术试验能力。此外，企业的场景创新工作也有必要与专业园区对接，依托园区的专项政策和专业的孵化能力，提高创新成果的商业转化成功率；企业也可以与园区共建专业的场景创新促进机构，形成紧密的创新商业共同体。

第六章
场景提升数字城市

一、场景引领数字城市的发展

自 2008 年智慧城市的概念引入以来，全国兴起了智慧城市建设的热潮，许多城市把智慧城市作为优化城市治理能力、改善市民生活体验、提升政府行政效能的重要手段，纷纷投入巨大资金，开展了多轮智慧城市建设浪潮。随着数字技术不断渗透到城市生活的各方面，“智慧城市”概念也逐步转化为具有更丰富内涵的“数字城市”。虽然智慧城市建设取得了诸多成绩，但是一直存在两个难解的困难：一是如何让市民和企业更有获得感，感受到智慧城市建设所带来的实实在在的价值，进而让公众更加支持智慧城市的建设；二是如何使智慧城市从纯粹投资项目转变成能够带来经济收益的工程。近年来，随着国家对数字经济的越发重视，以及对强化数字技术创新体系建设提出要求，数字城市建设模式的转变变得更加迫切。场景创新理论给数字城市建设打开了新的思路和工作空间，即以应用场景建设牵引数字城市发展，以此提高市民的获得感，培育数字经济产业，促进数字技术的创新发展。

这种转变的先行者是杭州市，其最重要的建设成果是“杭州城市大脑”及基于城市大脑的各种应用场景。“杭州城市大脑”启动于 2016 年，最早的创意来自阿里云创始人王坚博士对于未来城市的判断。他认为，在算力时代，城市大脑是城市最重要的新基础设施，就像电网是电力时代的城市基础设施一样，城市大脑会催生大量意想不到的发明和创新。“杭州城市大脑”的首批应用场景聚焦交通领域，以“治堵”为突破口，通过实时采集交通数据、分析交通状况、优化信号灯配时，缓解交通拥堵。随后，杭州市将城市大脑的应用范围拓展至城管、公安、文旅、水务、环保等多个领域，实现城市治理的协同化。到 2020 年 4 月，杭州市已基本建成“中枢系统+部门（区县市）系统和平台+数字驾驶舱+应用场景”的城市大脑核心架构，有 155 个数字驾驶舱、48 个应用场景。“杭州城市大脑”逐步成为杭州市重要的基础设施，它不仅支撑城市治理能力、公共服务能力的全面提升，还成为全国其他城市积极学习借鉴的数字城市标杆。

2020 年 10 月，杭州市人大常委会表决通过《杭州城市大脑赋能城市治理促进条例》，进一步明确“杭州城市大脑”的定位和发展的方向。条例提出，城市大脑，是指由中枢、系统与平台、数字驾驶舱和应用场景等要素组成，以数据、算力、算法等为基础和支撑，运用大数据、云计算、区块链等新技术，推动全面、全程、全域实现城市治理体系和治理能力现代化的数字系统和现代城市基础设施。而应用场景是依托中枢，通过线上业务连接和数据协同计算，实现流程简化优化的综合系统。条例还提出，公共管理和服务机构应当坚持“最多跑一次”改革理念，加强应用场景建设，依法推动跨业务、跨系统、跨部门、跨地域、跨层级的改革，实现公共管理和服务便民直达、惠企直达、基层治理单位直达。

从信息化建设的角度看，“杭州城市大脑”的创新之处在于其提出了“应用场景”的概念。在数字城市语境中，应用场景是指以市民和企业的具体需求为出发点，通过技术手段实现的整合性的服务和解决方案，业务流程、信息系统、数据资源和其他工作都围绕应用场景而组织，从而为市民提供更好的服务体验。在传统的模式中，系统是数字城市工作的中心，体系架构的设计、项目的组织、预算的安排都是围绕系统建设而展开的。而杭州提出的应用场景概念，改变了这种路径，让业务流程、信息系统、数据资源和其他工作围绕应用场景而组织。例如，各种“一件事一次办”场景打破了部门、系统和数据分割的状态，真正让市民体会到了数字化办事的便利性。采用这种思路开发的系统，在很大程度上缓解了市民对数字城市建设获得感不高的难题。

进一步的研究发现，“杭州城市大脑”更为重要的创新在于其组织模式。其关键性的突破在于，让科技企业深度参与创新，并且将数字城市升级为数字经济的孵化器。具体而言，其创新的举措包括以下几个方面。

第一，政府与科技企业联合创意，共同谋划项目。“杭州城市大脑”最早的创意来自阿里云的创始人王坚博士，杭州市与阿里云共同规划了最早的城市大脑架构。后来，有更多的杭州科技企业加入城市大脑中，包括浙数文化、新华三、数梦工场、华数等企业，共同开发出数字驾驶舱、亲清在线、民生直达、文明实践平台、经济分析仪等应用场景。这种做法的价值在于，能够发挥科技企业的技术创意优势和能动性，打破业务视角固有的思维路径，更加充分地设想新技术的应用方式，打开数字城市创意的空间。

第二，开放创新，为更多的优秀企业提供机会。在城市大脑的建设过程中，杭州市并没有将城市大脑的底座和应用场景建设交给一个企业完全承包，而是采取开放的方式，将大项目分解成多个小的应用场景，分别交给有优势的科技企业完成。例如，在“杭州城市大脑”启动初期，一共有 17 家企业参与建设，包括阿里云、海康威视、大华股份、中控信息等细分领域龙头企业。其中，阿里云提供了城市大脑的基础架构；海康威视提供了路面交通的监控系统解决方案；大华股份提供了图像的智能算法，通过数据挖掘和分析，实现了车型车系的自动识别；银江股份负责建设交通大脑等。采取开放的合作方式，虽然可能会带来更多的项目管理和协调成本，但是能够为更多的企业提供场景机会，从而实现批量带动效益。

第三，在应用场景的建设过程中，同时孵化新业态。杭州市组织了多种类型的企业参与城市大脑的建设，不仅有信息化建设企业，还导入了产业投资方，并且依托“云栖小镇”的产业服务能力，打造城市大脑产业孵化空间。得益于杭州市的精心安排，许多有潜力的初创企业得以借助参加城市大脑建设实现快速成长。例如，成立于 2016 年的数梦工场由于在“杭州城市大脑”中提供数据运营及服务，获得了许多城市的青睐，已经为浙江、江苏、广东、河南等 30 多个省市提供政务大数据服务，成立 4 年估值超 15 亿美元，快速成长为独角兽企业。

杭州市在建设城市大脑的过程中，采取了组合模式来发挥应用场景建设的价值。首先，杭州市在数字城市建设中导入应用场景牵引这种新的思路；其次，与科技企业共同谋划场景建设内容，从而发挥科技企业对新技术的理解和创意能力；再次，采取开放创新方式，把大项目分解成若干独立的应用场景建设任务，交由不同的科技企业建设，把应用场景建设作为培育企业的手段；最后，再配合产业培育手段，包括专业载体、企业孵化等，促进有潜力的企业成长。通过这一系列的组合机制，杭州市把信息化系统建设任务巧妙地升级成既能够有效满足市民需求，也能够有效促进数字经济发展的创新过程。

这种做法的内在逻辑在于，通过使用场景创新的基本机制，将数字城市建设作为数字新技术、新企业和新赛道的试验场和孵化器，让众多新技术得以在数字城市发展过程中得到应用，并转化成新赛道产业。

二、为数字城市注入创新活力

从更深层次的规律看，以应用场景为导向的建设模式给数字城市导入了具有长期价值的创新体系。

当前，数字技术已经融入城市运行的各方面，数字化成为解决城市治理难题、提升公共服务效率的最重要手段，能否充分利用数字技术解决城市发展难题成为城市发展过程中的重要课题之一。为城市持续导入新的数字化能力需要解决许多难题，除了必要的资金投入外，如何将掌握最新数字技术的科技企业融入数字城市体系是重中之重。因为颠覆性的数字技术往往起源于初创科技企业，一般会首先应用于商业领域，然后再逐步扩散到政务领域，成为数字城市体系的一部分，互联网、大数据、云计算及人工智能技术均是如此。相比市场化的领域，数字城市领域的创新往往缺乏优秀的科技企业参与，因而进展慢且缺乏活力。因此，如何吸引优秀科技企业参与数字城市建设，加快新技术在数字城市领域的应用速度，是优化数字城市建设模式、强化数字技术创新体系必须要回答的命题。这恰恰是场景创新体系能够完成的任务。

应该看到，城市是天生的“问题发生器”，拥挤的交通、稀缺的医疗资源及繁忙的城市生活，对新技术解决方案具有持续且迫切的需求。这些需求给新技术的落地提供了难得的验证和打磨机会，还为新技术和新产品提供了展示的平台，让潜在的用户得以体验新技术的价值，进而加快新产品市场的拓展。因此，如果能够将城市发展的数字化需求转变成开发场景创新的机会，将对科技企业形成足够的吸引力，让它们有足够的动力主动参与到数字城市的建设过程中。

在场景创新项目设计的过程中，需要让科技企业参与共同设计，这是必要的环节。因为科技企业是对新技术理解最为深入的群体，它们更加清楚新技术的能力边界及可能的应用方式。同时，能够让项目的内容更加符合创新的要求，从而进一步提升智慧城市项目对创新的促进价值。因此，数字城市场景设计，需要为技术创意预留出足够的空间，避免单纯从现有需求出发进行设计。

此外，政府还应该为场景创新提供必需的数字化基础设施和服务支撑。在这些服务中，尤其重要的是政府掌握的公共数据资源。数据资源已经成为开发数字化应用不可或缺的要素，无论是训练人工智能模型，还是开发数据产品，都需要使用大量的基础数据资源。因此，如果在数字城市场景创新过程中，政府能够提供公共数据服务，将吸引大量的企业参与进来。

进一步地，结合许多城市已有的产业培育措施，可以构建一个从技术验证支持，到基础能力供给，再到产业培育服务的全程服务体系。这样的服务体系将促进形成以应用场景创新为核心的数字城市创新体系。在这个体系中，政府发挥着关键作用，不断发掘城市的数字化需求，并将其转化成与科技企业共同开发的应用场景建设任务。科技企业在与政府共创场景的过程中，新的技术得以研发和应用，从而解决城市治理中的难题，提升市民的生活质量和体验感。同时，这些创新实践也为科技企业带来新的解决方案和市场机会。得益于政府一系列的产业孵化政策，科技企业快速成长。这样，数字城市建设和技术发展、产业发展之间逐渐形成一个相互促进、相互支持的良性循环机制，数字城市的创新体系也将逐步完善。

三、与科技企业共创应用场景

采用场景驱动的数字城市建设方式，首先要找出目标应用场景，也就是那些需要开发的应用场景。可以从两个维度识别重要的应用场景：一个维度是实际需求的迫切性，即那些急迫需要的、让市民和企业有更好体验的应用场景；另一个维度是技术创新，即那些用到新的技术，有助于新技术、新方案开发的应用场景。一般而言，那些需要多种角色协同的场景，在需求上更为迫切。

根据协作的边界，数字城市场景可以分为 3 种类型：内跨场景、横跨场景、外跨场景。

第一种是内跨场景，即部门内部的协同场景。这类场景强调在部门职能不改变的前提下，更多以单纯的数字化技术方案，来推动政府部门工作方式由线下升级为线上，引领单个部门完成数字化转型，实现降本增效。在这种情形中，政府各个部门以系统建设为中心，以部门需求为牵引，单独建立各类业务场景系统，实现对市民和企业的服务。

第二种是横跨场景，即跨部门的协同场景。横跨场景的业务流程跨越了多个部门，有多个部门协同完成一个共同的场景。打破部门间壁垒是数字城市建设长期面临的挑战，横跨场景提供了一种解决方案，在不改变现有组织架构和业务流程的前提下，实现跨部门间的协同合作。杭州在城市大脑的基础上，建设了大量的横跨场景，以实现部门间的协同。例如，杭州市萧山区打造了“一键护航”应用场景，围绕医疗急救、消防救援等特种车在城市交通体系中的快速通行，萧山区融合货导系统、重点车辆管控平台、视频接力系统，打造应急处突、亚运安保、群众求助、隐患治理等数字化能力，建立了通行护航保障任务的全程在线协同工作机制，在降低对社会车辆和交通秩序产生的干扰的同时，能够引导特种车辆快速通行，赢取应对突发事件的“黄金时间”。

第三种是外跨场景，即政府与社会机构的协同场景。外跨场景需要政府、企业及社会各界借由数字化流程开展强力协同，共同参与到场景建设中。外跨场景创新在解决具体痛点的同时，能够促进数字经济、数字社会、数字生态共荣发展。例如，广州高新区“企业创新积分制”就是一个典型的外跨场景，在该场景中，广州高新区联合市场化机构——长城战略咨询、工商银行、中信银行等，共建数字化服务场景，通过科学的企业创新积分量化评价，帮助创新企业更快更好地获得金融资源，实现了企业创新积分评价和纯线上积分贷的联动。该场景大幅简化了优质科技企业获得贷款的流程，放大了各类政策对高积分企业的有效支持。

在多数情况下，跨越多种边界的场景紧迫性更强，数字技术可以发挥价值的空间也更大，当然，实现的难度也更大。

找到目标场景之后，需要进行场景实现方式的创意设计。在这个过程中，需要和科技企业一起设计如何利用新的技术，用更富有创造性的方式，实现应用场景的功能。

有多种方式发现应用场景的创意。第一种是运用新技术实现的创意。例如，大模型创新了基于自然语言的人机交流方式，这种技术可以用于政务问答，完成许多原来需要大量人工才能完成的交流工作。第二种是运用数据实现的创意。大幅增长的数据创造了许多新的可能，充分挖掘和运用数据可以获得新的洞见，或者能够在更大规模的城市系统层面实现全局的优化。例如，许多高新区正在推广的企业创新积分，就是利用大数据为企业提供精准服务的典型场景。这类原本需要大量资料审核才能实现的服务，有希望通过对大数据的创造性应用而成为普惠的服务。第三种是通过优化流程实现的创意。许多原本需要串行处理、消耗大量人力的重复性、流程性工作，在新技术的支持下，有可能变得相当简单。近年来，政府服务领域不断推陈出新的流程简化，即是典型的流程重组案例。例如，公安部在全国推行的电子驾照和异地汽车年检新服务，核心思路就在于通过数据共享及各种可信的生物识别手段，提供不见面和异地的服务，以此大幅提升服务的效率。第四种是运用新商业模式实现的创意。在数字城市领域中，存在大量的商业创新空间。例如，近几年广受欢迎的面向市民的普惠保险“惠民保”就是三方合作的商业创新成果。通常的“惠民保”由三方提供服务，政府背书，商业保险公司承保，而互联网科技企业提供销售渠道和流量。通过三方合作，再加上互联网和大数据技术，“惠民保”成为能够给市民带来实惠的普惠型保险产品。

创意的诞生与实现，并不依赖于固定的工程化系统开发流程，而是在想法的不断碰撞过程中产生的。因而，需要来自不同领域的一线从业者共同思考，不断打磨、试验，才能产生有价值的创意。在实际场景工作中，政府部门需要围绕迫切的目标场景，与富有创新精神的企业共同设计，以形成有价值的杰出创意。

四、提供基础数据支撑

跨业务、跨系统的联通性是数字城市应用场景的重要特征之一。由数据部门提供的基础数据服务，是实现应用场景创新最需要的基础能力之一。

目前，为各种应用场景提供无障碍的数据服务仍存在相当的难度，有些城市正在探索的数据专区是一种有潜力的解决方案。北京是率先探索数据专区的城市之一，2023 年北京市经济和信息化局发布了《北京市公共数据专区授权运营管理办法（试行）》，文件提出，北京的数据专区分为领域类、区域类及综合基础类 3 种类型，其中领域类聚焦于金融、教育、医疗、交通等重大领域应用场景；区域类面向特定区域或场景；综合基础类则提供跨领域、跨区域的数据支撑服务。北京大力建设数据专区的主要目的在于，在受监督的、安全可控的环境中为各种应用场景提供数据服务支撑。该办法提出，专区中的公共数据要遵照“原始数据不出域，数据可用不可见”的总体要求，确保公共数据的原始形式不离开其安全控制的范围（即“不出域”），以保护数据的安全和隐私。这些数据虽然不能被直接查看或访问（即“不可见”），但可以通过特定的方式和方法进行加工和分析，以提供数据服务或支持应用程序，从而实现数据的“可用性”。围绕如何申请数据的使用权，该办法提出，专区的公共数据使用应遵循场景驱动、最小授权、集约利用原则，按需申请共享数据并在授权范围内使用，申请由专区监管部门进行评估确认，经数据提供部门审核同意后，依托市大数据平台授权共享。也就是说，按照应用场景的需求来申请数据的使用权，专区的数据使用是围绕应用场景而开展的。

在数字城市的体系架构中，数据专区是一种重要的基础设施，目标是在受控的环境中集中管理和提供各类数据资源，以支持特定应用场景的需求。数据专区通常围绕某种主题或领域的数据而建立，汇集不同来源的数据，这些数据可能包括政府公共数据、企业数据、社交媒体数据等，集中管理这些数据有助于提高数据的可用性和易访问性。数据专区通常会提供十分强大的数据安全保障能力，通过高级的数据加密、访问控制和审计技术，确保只有授权用户才能访问数据，并保证数据在传输和存储过程中的安全性。数据专区不仅是一个数据存储和管理的平台，还提供数据服务，如数据分析、数据加工、数据可视化等，以满足各种应用场景，如城市治理、金融风险评估、医疗健康数据分析等的数据需求。此外，数据专区还通常具备良好的可扩展性，能够适应不断变化的数据需求和新的应用场景，也能够随着数据量的增加和需求的变化进行相应的调整和优化。基于跨部门、跨行业、跨政企的数据共享和合作，数据专区能够更好地提高数据资源的利用效率，促进数字城市的创新。

可见，数据专区对数字城市应用场景的建设起到了基础性的支撑作用，大幅减少了在不同部门之间协调数据所耗费的资源，为应用场景合规使用不同来源数据提供了安全环境，同时大幅降低了应用场景建设使用数据的技术难度，让科技企业可以将更多的精力聚焦到实现应用场景的创新。

五、建设场景创新实验室

在数字城市体系中全面引入场景创新机制，需要面对许多现实的问题。例如，关于风险的考量，因为应用场景建设是一项创新工作，必然会带来一定的风险，如何能够降低创新失败的风险，是许多政府进行立项决策时优先重点考虑的因素。此外，如何在现行的政府采购约束之下，从数字城市的预算中安排一部分用于开展创新性的场景工作，也是需要考虑的问题。因此，需要导入一种创新的机制，既能减少在数字城市体系中导入新技术的风险，又能衔接数字政府的项目采购流程。

一种比较常用的方法是建设“数字城市场景创新实验室”。“数字城市场景创新实验室”是一种实验性的新技术应用开发环境和评估机制。实验室提供了开展新技术应用开发所需要的环境和基础性条件，包括数据、算力、模型训练环境等基础设施，以及数字城市的模拟应用和评估系统等。实验室可模拟真实数字城市场景，包括交通、环境、公共设施、政务服务等多个领域。开发者可以利用提供的资源和模拟场景，创建和测试各种创新应用，并在受控环境中进行初步测试和评估。一项应用一旦通过实验室的评估，就可以在真实城市场景中进行更大规模的试运行和落地。这种机制有助于降低新技术应用的开发成本和风险，提高创新效率。通过模拟城市环境，一项技术或创新应用可以在受控条件下快速迭代，确保可靠性和适用性，为未来在真实城市中的大规模应用做好准备。

此外，实验室也提供了一种评估机制，管理部门能够在受控的环境中全面了解试验性系统的技术细节、应用场景、预期效果等，对其进行系统评估和审核。评估的标准不仅限于技术方面，还会考虑其在实际应用中的经济、社会、环境等综合影响。通过评估的创新应用，将能够获得推广应用的机会。这种评估机制一方面可以避免城市盲目引入不成熟或无效的创新应用，防止资源浪费；另一方面也为优秀的创新应用创造了通向市场的绿色通道，促进了创新成果的转化和应用。

自动驾驶试验场是一种典型的“数字城市场景创新实验室”，它通过模拟真实城市道路环境和复杂交通情况，为自动驾驶技术的开发和测试提供了理想的受控环境。试验场可以再现各种天气情况、路面状况、行人车辆等真实场景，提供对车载传感器等硬件的测试条件等。通过试验场，自动驾驶系统可以在安全可控的情况下快速迭代优化，降低开发风险，为最终在真实道路环境中的应用做好准备。与此同时，试验场也提供了对自动驾驶车辆和技术进行评估的机制和流程，为进入试验场的自动驾驶车辆和系统提供能力证明。

数字城市场景创新实验室对各方而言，都具有价值。对于业主单位而言，场景创新实验室降低了应用新技术所面临的风险，让业主单位可以更加客观、准确地评估新技术的性能和适用性，同时让业主单位可以从更多的候选方案中进行选择。此外，通过评估的创新应用也能够更加平滑地衔接后续的采购流程。对于科技企业而言，进入实验室进行新应用开发具有较大的吸引力。首先，场景创新实验室提供了技术验证和展示的平台，参与试验的科技企业获得了难得的进行新技术验证和能力展示的机会；其次，场景创新实验室提供了与潜在用户直接接触和沟通的机会，帮助科技企业直接了解到用户的需求和反馈，更好地理解市场，进而优化自己的产品和服务；最后，场景创新实验室机制增加了科技企业获得订单的机会，一旦其技术在实验室中得到了认可，获得订单的机会也会大幅提高。

如果增加产业培育服务，场景创新实验室将能够形成从技术到新产业的闭环促进能力。通过实验室的产业培育功能，不仅可以对技术进行验证和改进，还可以对市场潜力进行评估，从而降低新技术进入市场的风险。此外，实验室还可以为企业提供市场推广、商业模式构建、资金支持等多方面的帮助，推动创新技术的商业化进程。在这个过程中，实验室还可以与政府、投资机构、行业协会等建立紧密的合作关系，共同推动产业链的完善和发展。通过这种合作，可以为创新技术提供更加广泛的应用场景，促进产业的升级和转型。

六、建立场景驱动的数字城市发展机制

实现场景驱动的数字城市目标，需要对原有的数字城市建设模式进行变革。这种转变的核心思路在于，数字城市的建设目标和工作部署，要从系统开发为主线转向以应用场景为牵引。其中的关键要点是，为应用场景创新提供所需要的基础支撑，并且建立开放合作创新机制，为企业的发展提供行之有效的促进服务，这是数字城市建设思路的重要转变。长期以来，数字城市以开发高质量信息系统作为主导性的工作目标，但在倡导创新发展的新时代中，这还不够；需要打开数字城市建设的边界，允许更多的创新主体特别是有创新力的科技企业参与其中。同时，要把数字城市设想为支持创新的基础设施或者环境，允许各种新的技术在其中进行试验和应用开发，使科技企业能够在其中进行创新。此外，还要导入有效的服务，帮助科技企业实现成长，提升它们的创新能力和商业能力，由此形成正向循环的、由科技企业支撑的、不断增强的数字城市创新体系。这是数字城市应有的创新循环。只有建立起市场化的科技企业深度参与的创新体系，才能够支撑社会对数字城市的期待，通过数字技术创造更美好的城市生活，并且孵化蓬勃发展的数字经济企业。

具体而言，转变应当包括如下关键的任务。

第一，需要用开放的方式完成应用场景建设规划。许多城市或行业部门已经制定了体系完整的城市数字化顶层设计，框定了总的发展思路。可以在顶层设计的框架中，以 3 ~ 5 年为一个周期开展应用场景的建设规划，包括识别重点应用场景和进行整合设计，提出应用场景建设的目标。值得注意的是，不需要一次性完成数字城市的应用场景规划，可以根据需要和工作的条件，不断完善和叠加。应用场景规划应该采取与新经济科技企业共同谋划的方式开展，与掌握新技术的科技企业联合创新能够帮助政府了解新技术带来的创新可能，以满足企业和居民对于公共服务不断提高的要求。同时，通过迭代的方式对数字城市应用场景进行评估、检视和再设计，不断完善数字城市的应用场景体系，提升市民的获得感。

第二，需要建设具备足够支撑能力的数字底座。“数字底座”包括了数字专区及一系列的基础能力，如云原生平台、数据平台和智算平台等。云原生平台能够让应用最大程度地利用云能力、发挥云价值，将云应用中的非业务代码部分最大化剥离，让云设施接管应用中原有的大量非功能特性，如弹性、韧性、安全、大规模、高并发等，使业务更轻量、更敏捷、高度自动化。智算底座提供了数字政府中各类人工智能场景的支撑能力，开发人员可以在智算平台上进行人工智能模型开发、模型训练与推理的工作，各类场景可以快速地导入 AI 能力，全面提升场景创新的空间。强有力的“数字底座”让场景的创建者得以专注于创新设想的实现，并降低创建新场景的技术门槛和资金投入，使面向应用场景的数字城市架构体系得以实现。

第三，要开放场景，与新经济科技企业联合创新。政府需要创造合适的条件，向新经济科技企业开放城市政府场景机会，通过开放，更好地导入外部创新能力、数据能力和服务运营能力。这需要创新政府的单一采购制度，通过机会清单发布对接、揭榜挂帅、联合设计项目等方式，让有创新力的企业有机会参与新场景的谋划和建设。同时，政府应当提供合作创新的试验环境，如创新沙盒、数据专区、场景创新实验室等创新环境。数字城市领域的场景创新，导入促进服务必不可少，通过场景机会挖掘、新经济企业能力评估、对接促进、场景项目打磨、成果推广等一系列的服务，促成政府与企业之间形成更有效的合作。

第四，与龙头企业共同培育产业生态。依托龙头企业，通过场景的建设培育产业生态是可行的工作抓手。需要建立“平台底座 + 生态培育”的场景建设和生态孵化联动机制。一方面，依托龙头企业建设数字底座，为数字政府场景提供关键的支撑；另一方面，需要发挥龙头企业的行业号召力和流量导入能力，通过向生态企业开放场景机会，培育有成长性的新经济企业。其中，产业生态培育的任务应该发挥专业机构的价值，通过梳理和发布场景机会，发现或导入有创新力的新经济科技企业，培育有潜力的本地企业生态，实现“平台底座 + 生态培育”的新经济产业发展机制，将数字政府场景建设转换成新经济产业发展的动力。

第五，与新经济科技企业共同开展制度创新。重要的技术创新一定会伴随配套的制度创新，恰当的制度创新能够实现监管和技术发展之间的平衡。在新制度的创建过程中，引入新经济科技企业参与十分重要。科技企业是对新技术最为敏感的群体，它们的判断和创新观点能够帮助政策制定者更好地理解新技术发展的制度需求和新技术对于经济社会的影响。此外，解决新技术带来的治理难题也应当是协商和试验的过程。需要建立充分听取新技术企业意见的机制以及能够观察评估政策影响的试验机制，通过试验机制得以快速地调整政策安排，通过迭代实现监管与技术发展进程之间的匹配。

第七章
场景促进城市创新发展

一、场景开拓城市创新发展新路径

中国的城市目前正处于转型发展的关键阶段，转型的核心议题在于如何构建内生的城市创新体系，培育经济发展新动能，形成支撑城市高质量发展的长期能力。场景是一种正在涌现的新经济现象，场景创新的价值正在多个领域显现，正如本书前文所讨论的，场景创新具有多层次价值，如作为一种新经济科技企业的创新战略，能够更好地引导科技初创企业找到成长之路；作为一种新兴产业发展的内在规律，可以让促进新兴产业发展的产业政策更加精准；作为一种帮助大企业克服创新窘境的开放创新方法，可以让有实力的传统行业企业在新技术浪潮中重焕生机，成为引领行业科技创新的主动力量；而在数字城市中，场景创新成为连接城市工程建设和产业培育的纽带，将投入巨大的数字城市建设工程转化成为对新技术和数字经济具有促进作用的创新活动。

将场景创新在不同领域的作用联系起来，从培育城市创新能力的视角分析其价值，可以发现，场景创新对于城市发展具有十分重要的价值——场景创新可以成为构建城市创新体系的关键手段。

一般而言，从新技术到新产业的创新过程可以分成 3 个政策作用环节：第一个是处于创新早期的技术研发环节。这个环节的政策旨在支持新技术的基础研发，为技术的初步创新和发展提供资金和政策支持，建设新型研发机构、新技术开发实验室等政策手段将发挥重要作用。第二个环节是新技术向商业化的转换初期。在这个阶段，场景将发挥十分重要的作用，创新政策的重点是通过为新技术提供应用场景机会，帮助新技术找到其在市场上的位置，验证其商业模式。第三个环节是新技术的大规模产业化阶段。这个阶段的创新政策，应是发挥市场的力量来带动新兴产业形成规模，建立起整个产业生态，包括供应链、分销渠道、消费市场等，进而形成完整的产业体系。

城市在发展过程中蕴含了数量众多、价值巨大的场景资源，开发这些场景资源，将其转变成为场景创新的机会，并释放给富有创新力的科技企业，将会极大促进第二个环节的转换进程，从而加速带动一批新经济科技企业的成长，进而培育形成新的产业赛道。而在此过程中，城市将获得巨大的创新能力，城市和企业将因此得以导入新的技术，进而开创更加美好的城市生活以及更广阔的产业发展空间。这种开放和包容的创新环境将吸引更多的创新主体，从而构筑具有内生动力的城市创新体系。

从另一个角度看，城市是最适合开展场景创新的环境。首先，城市处处皆场景。来自城市基础设施建设、产业转型升级、消费提档各方面的新技术应用需求，提供了充沛且源源不断的场景机会，这些场景机会的丰富程度和集聚程度都体现了城市独特的优势。其次，场景创新所需要的各种创新要素，包括人才、资金、试验条件等，在城市中高度集聚，只要出现有价值的场景机会，这些要素就能够快速汇集，加速创新的发生。最后，城市拥有让科技企业得以成长的重要条件，如产业的空间载体、新兴产业的促进政策，以及企业成长所需要的风险投资、产业链资源等。因此，城市既是场景创新最大的受益者，也是场景创新最佳的载体，理应成为场景创新最主要的推动者。

简而言之，城市是经济社会综合体，其发展过程中需要解决的难题，既是促进新技术迭代发展的场景机会，也是验证新技术价值的新场景试验场。场景创新对于促进城市高质量发展的作用是全方面的，它能够在不显著增加创新投入的前提下，通过发掘城市发展需求、开展场景创新，实现城市创新能力的提升。这种思路既能够让新技术更好地解决城市的发展需求和难题，也能够通过场景机会牵引加速新动能的形成。此外，场景创新打开了城市创新的边界，通过不断释放机会，与富有创新力的科技企业一同创新，为城市发展注入了创新发展的活力。这种城市发展、技术创新、新动能培育三者相互促进的“三位一体”的创新机制，为城市注入了充沛且持续的创新动能，使城市得以成为具备内生发展动力的创新体。这种能力对于实现城市的高质量发展至关重要。

二、城市处处皆场景

科技初创企业“因场景而生，随场景而动”。如前所述，城市处处皆场景。每个城市都会部署众多的城市建设和产业升级任务，包括重大的城市建设工程、重要的基础设施工程、重点产业的转型升级、新兴的产业基础设施建设，以及大型的民生改善工程等。这些建设和升级改造任务需要用到大量的新技术，如果能够将其中的一部分开发成为场景机会，城市将拥有相当丰富的创新资源。因此，需要将城市潜在的场景机会视为一种重要的资源，并且形成一种持续开发这种资源的工作机制和服务生态，通过充分挖掘并利用这些场景资源，在土地、空间载体、优惠政策等传统手段的基础上，进一步帮助城市形成独特的、有竞争力的新动能培育能力。以下是一些值得重点开发的场景方向。

第一类是新型基础设施场景。我国城市的基础设施正在经历前所未有的数字化升级浪潮，几乎所有新建和更新的城市基础设施项目都或多或少地应用了新的数字技术。例如，运用物联网、人工智能技术改造交通基础设施，实现交通信号的智能控制、车辆监管、路况监测等；或者将更先进的智能化和通信技术嵌入道路中，以实现车路协同。在城市生命线领域，数字化技术也可以助力城市生命线体系转变成为智能化的网络，实时掌握水压、水质等信息，保证供水和供气的安全，并且提高网络的运行效率。在城市能源领域，智能电网正在变得越来越普遍，通过智能电网既能更有效地利用分布式能源，也能够提高电网的稳定性和电力资源的配置效率；智能技术也使许多建筑成为可以实时监控、同时更加绿色节能的建筑。

此外，算力中心是建设智能城市必需的新型基础设施。为了迎接通用人工智能时代到来，加快培育人工智能产业，许多政府都加快布局智能算力中心。智能算力中心是各种新兴数字技术的集合体，它自身就是一个巨大的新技术试验场。

应用新技术的基础设施建设项目是最为重要的一种场景资源。政府对这类项目往往拥有很大的话语权，因此应当重点挖掘。然而，难点在于如何在大规模工程中设计出新技术的应用场景。比较理想的做法是在重大新型基础设施项目立项前期，安排专门的场景建设任务。

第二类是产业升级场景。大企业释放的产业升级场景，这是来源相当丰富的一类场景，因为这类产业场景数量多、类型多，而且未来的市场空间更大，对科技创新企业也更有吸引力。智能制造是最为典型的产业场景方向，随着我国新型工业化进程日益深入，汽车、消费电子、智能装备、集成电路等常规和高端的制造行业都会释放出海量的产业场景。例如，通过工业互联网将设备、传感器和生产线连接到互联网上，实现实时数据收集和远程监控；广泛应用协作机器人和工业机器人，实现生产制造的柔性化、定制化；应用机器视觉技术，提升产线的智能化水平等。此外，除了制造业，来自于现代农业、金融服务、物流服务，以及建筑业的提档升级，都会释放出量大面广的创新需求。

每个城市都有一定规模的主导产业，即使中小规模的城市也有巨大的产业场景挖掘空间，难点在于如何动员企业挖掘并释放产业场景机会。首要的工作是让企业认识到场景创新对其自身的价值。可以通过标杆引导、价值宣贯等达到目的，也可以通过对典型项目支持的方式加以引导。但是，对于政府而言，最重要的工作是搭好平台，让供需企业之间更好地相互发现，发挥市场主体内在的动力开展场景合作。

第三类是新型消费场景。追求更好的生活和消费体验，是市民永不会停止的追求，优秀的消费场景能够激发巨大的需求。新兴技术也往往被优先应用于创造消费场景，以尽快获得商业回报。近几年，人工智能、元宇宙成为创造新消费场景的主要技术方向，新技术与实体消费场所的融合、与线上消费平台的结合，都有希望创造出耳目一新的消费新场景。

例如，近期兴起的融合元宇宙的网红街区，通过采用虚拟现实技术为用户提供沉浸式、更加逼真、更加有趣的体验。虚拟现实技术可以实现多种交互方式，让用户与虚拟世界进行互动，并在其中进行购物、娱乐、社交等活动。由大模型加持的活灵活现的数字人逐步进入大众消费领域，无论是静态的模特数字人或是不需要休息的直播数字人，都在原有的电商网络之上创造了全新的消费体验。此外，不断创新的智能家居，在人工智能技术的加持下，更加优化了与人进行自然交互的能力并且能够实现互联互通，这在很大程度上激发了消费者的购买意愿。

企业是创建、投资新型消费场景的主体。新消费场景创新是比较纯粹的市场行为，难点在于政府如何释放机会、提供环境让企业有意愿干。降低准入门槛、尊重市场规则、提供包容的监管环境等改善营商环境的举措是相当有效的手段，政府应当着眼于提供有利于场景供需双方对接合作的平台和政策体系，促进有意愿的主体之间实现合作，并且确保有价值的新消费场景创新能够获得应有的商业回报。

第四类是城市治理场景。城市治理是最重要的政府职能之一，包括城市环境的管理、城市安全的保障、各类城市活动的协调和规范等。近10年来，智慧城市在全国所有城市实现了前所未有的发展，新兴的数字技术在很大程度上解决了大型城市以及超大型城市的治理难题，也成为政府提升治理能力时优先考虑的手段。例如，近期兴起的元宇宙技术可以用于构建城市的数字孪生体，基于数字孪生底座可以对城市的空间布局、建筑物、道路、公共设施等城市要素进行精细的呈现；融入人工智能的分析能力，可以帮助政府和规划者更好地规划城市的空间；也可以模拟各种可能发生的公共安全事件，更好地帮助政府和公共安全机构进行危机预演和应对策略规划等。

城市治理场景是各类新技术可以发挥重要作用的领域，政府可以在其中挖掘数量众多的场景机会，而开展该领域场景工作的难点在于能否设计出具有商业化推广空间的场景机会。因为城市治理领域场景的业主方主要是政府或者承担城市治理功能的平台企业，通常情况下他们会着眼于市域范围内的个性化治理需求来挖掘场景机会，而这种本地化的思维方法与企业希望能够在全国范围内推广场景创新成果的想法可能造成冲突。因此，进行城市治理场景机会挖掘和设计的时候，需要特别考虑企业将来在全国推广创新成果的诉求。

第五类是社会服务场景。市民对优质公共服务的期待与城市有限的服务能力之间往往存在一定的距离，而数字技术的大量应用能够显著降低教育、医疗等社会服务的供给成本，同时扩大服务的覆盖范围，实现社会服务的普惠覆盖。例如，智能医学影像诊断将机器视觉技术应用于医学影像的分析上，可以提高医学影像的分析速度和准确度，从而提升医疗服务的效率；而远程医疗通过互联网，使患者免去奔波医院的辛劳，而且有效缓解了许多地方医疗资源不足的问题。在教育领域，新的数字技术也在创造非常有价值的场景。例如，基于大语言模型的AI对话系统已经成为足够优秀的英语口语老师，对于许多渴望提升英语对话的学生而言，这是一种低成本的优质服务，让他们能够随时随地得到专业的指导和帮助。

持续改进并提供质量更高、成本更低、覆盖面更广的公共服务是政府应当承担的职责，而公共服务正是可以挖掘众多场景的领域。需要注意的是，社会服务是重运营的领域，该领域场景机会的挖掘除了要注重新技术的应用外，还需要重点考虑长期的运营安排。例如，近年来各城市普遍推出的深受市民好评的“惠民保”医疗保险产品，其成功推广的背后除了有保险公司的产品创新外，也离不开互联网平台企业的推广和运营。因此，如何发挥科技企业的运营能力，大幅降低社会服务的运营和交付成本，是社会服务领域场景工作需要特别考虑的因素。

此外，社会服务领域一般属于强监管领域，一项服务要进入市场，需要满足来自监管部门的严格标准。这种强监管的安排，对于处于早期阶段的创新而言是相当不友好的。因此，如何提供好的政策环境，也是推进社会服务场景创新需要重点考虑的问题。

在众多的场景中，政府应当对产业场景资源给予更多的关注。因为相比由政府提供的城市建设和公共服务场景资源，产业场景数量更多。几乎所有行业都需要用到新技术以提升生产制造和服务能力，或是通过新技术创造新产品，这些领域都有可能开发成为场景资源。此外，产业场景对产业的带动性也更为突出，通过产业双方的联合创新、共同发展，更容易提出有未来市场空间的新解决方案和孵化出新企业。再者，产业场景的合作主要是市场化的行为，开展场景创新所需的投资或经费投入以市场化资金为主，这对于政府而言，无疑是一种更好的选择。

产业场景来自于企业运用新技术进行产品、生产或服务创新的方方面面。就制造业而言，新产品研发、生产制造自动化、服务数字化、管理全过程数字化、低碳减排等企业价值链环节，都能够形成大量的场景机会。例如，在新产品的研发环节，从家用电器，到重型的机械装备，再到精密的医疗器械等，几乎所有的行业产品都将与数字技术融合，每一种具有深度行业特点的数字化产品都适合采用场景创新的模式开展研发。许多案例表明，采用场景创新模式，更容易融合来自行业端和数字技术能力端双方的知识和资源，可以在更大程度上调动各方的积极性。在生产制造环节，无人化是中国制造迈向更高阶段的必然路径，开发各具特色的行业自动化解决方案需要行业企业和技术能力企业的通力配合。而且，某个行业的特定用途的自动化解决方案一旦开发完成，将有机会在中国的大市场中获得规模化的应用，大批的科技创新企业已经瞄准了中国制造升级所带来的新机遇而开展了卓有成效的创新努力。此外，制造业的服务数字化、管理全过程数字化、低碳减排等转型需求，会孕育对新技术应用的巨大需求，通过主动开发企业的产业场景资源，将极大丰富场景资源的供给。

值得注意的是，发掘产业场景要比城市场景更加困难。因为产业场景掌握在企业的手中，政府需要通过各种方式，才能让企业有积极性参与场景创新工作。这就需要政府开展更多的工作。首先，要让更多的企业认识到场景创新对于企业发展的价值。如上文所讨论的，场景创新是帮助大企业克服创新窘境的一种比较有效的手段，要通过积极的宣传和标杆示范作用达到这一目标。其次，需要让企业能够比较容易的开展场景创新，这就需要政府提供必要的场景对接平台和专业服务。特别是专业服务，对于场景创新具有更大的推动作用。因为场景创新是相对专业的事情，除非企业达到了相当的规模，否则很难设立专门的机构开展场景创建工作。此时，如果有专业的机构帮助企业发掘场景、推动场景创新、甚至是孵化场景创新成果，将是对企业创新能力的重要支持。最后，要能够让企业获得场景创新的收益。对于许多有实力的大企业而言，政府的政策补贴的吸引力是有限的，而场景创新主要的收益主要来自于新业务的收益或者资本增值的收益对于企业有着较大吸引力。政府应当设计一种机制，让企业能够看到并获得场景创新的市场收益。

虽然不少城市的政府在刚开始启动场景工作时，往往会觉得缺少场景资源。但是许多城市的实践证明，只要方法正确，所有城市都可以挖掘出十分丰富的场景资源。对于产业基础较好的城市，产业的数字化升级以及行业的新技术应用是最重要的场景来源；对于消费活跃的城市而言，开发能够促进消费的新场景则是很好的选择；而对于正处于开发建设进程中的新城而言，“一张白纸”本身就是十分难得的新技术试验场，城市的各方面开发都有应用新技术的空间；而对于人口稠密的老城区，城市更新、公共服务的数字化，也能够带来许多新技术的应用机会。

因此，城市的政府部门应当建立场景资源开发机制，做到主动开发、积极寻找、积极动员，让更多的政府部门和企事业单位提供新技术的应用机会。同时，要做到有前瞻性的开发，基于对前沿科技产业的场景需求研判，甚至是根据若干年后才会出现的场景需求，主动开发场景资源；要做到统筹开发和使用，将从各类主体收集到的“小切口”场景机会进行分类整理和组合，形成更有价值的场景资源池，并统筹安排使用。

三、形成场景清单

场景清单就是城市的创新邀约，向社会表明了城市的创新机会和创新能力。它能够向社会释放城市的场景机会，也能够向社会展示城市的创新能力，进而促进各方资源的有效对接和合作。

一般而言，场景清单可以分成 3 类：一是场景机会清单。场景机会清单是政府或企业计划开放的场景机会，优质的场景机会应当基于真实的新技术应用需求，同时对新技术、新产业的培育具有比较强的带动作用。需要注意的是，场景机会是一种合作的意向，并不是边界和内容十分清晰的采购需求，明确的合作内容是由合作方在后续的环节中讨论确定的。二是场景能力清单。场景能力清单是企业或组织已经初步具备的、可以应用于场景创新的能力。能力清单是技术供给能力的展示，既可以是新技术的开发能力，也可以是新产品的提供能力。三是场景标杆案例清单。场景标杆案例清单是已经取得成功的创新成果和案例的集合，它的目的在于推广成功的经验和优秀的创新成果。

场景机会清单是场景工作的基础也是重点，梳理、发布高质量的场景机会清单，是场景工作最重要的开始。场景机会无处不在，在城市发展、产业升级、消费升级中，新技术应用需求均有可能转化成为场景机会。一般而言，可以从前述的 5 个方面发掘场景机会，即新型基础设施、产业升级、新消费、城市治理和公共服务，但并不是所有的新技术需求都能够成为场景机会。安徽省科学技术厅印发的《加快场景创新构建全省应用场景一体化大市场行动方案（2023—2025 年）》提出了梳理场景机会的“五有四非”标准，为理解场景机会的梳理方法提供了重要参考。所谓的高质量场景机会“五有四非”标准，即有开放意愿、落地可行性、资源吸附性、复制推广前景、示范带动和迭代升级作用的场景机会，它排除了政府一般性基建项目、传统信息化项目、企业内部研发项目、政府一般采购项目等。

此外，初步征集得到的场景机会线索需要经过精心打磨，才能够形成高质量的场景机会清单。打磨的目标在于聚焦提炼创新的目标和要求，让潜在的技术能力企业清晰了解合作的需求和合作的模式。通常情况下，每个场景机会应当至少明确以下 5 个方面：①业主单位，即新技术的应用需求方；②新技术应用的需求，要用要点的形式说明希望通过新技术解决的业务需求、痛点难点问题；③技术创新要求，用要点的形式提出需要达到的技术指标；④希望的合作方式，拟采用的项目采购、合作研发、带资建设等可能的合作方式；⑤合作联系方式等。

需要注意的是，很多城市在梳理场景清单的时候，倾向于将要做的项目直接作为场景机会清单予以发布。这种工作方法有待商榷。正确的做法是，将发掘项目中的新技术应用需求，作为提炼场景机会清单的基础，而不是将整个项目视为场景机会。

此外，对于前沿技术而言，如通用人工智能、量子通讯、低空无人飞行器，由于该技术才刚刚兴起，难以基于现有的需求梳理场景机会。因此，需要采取主动供给场景的策略，反向为其创造场景机会。采取这种策略，需要对前沿技术的应用场景方向开展更深入的研究和洞察，并且采用更大力度的创新政策举措，才能提出高价值的场景项目，并促成新技术的应用落地。

清单形成后，应当向社会发布。有多种方式可以提高清单的影响力和受众面，包括利用有影响力的会议和新媒体，这些手段能够让更多的新经济企业看到城市的创新邀约。

四、组织场景对接

许多城市认为场景机会清单一经发布就可以吸引大批的企业关注，这种想法过于理想化了。即使发布单位努力向社会宣传其机会清单，供需双方往往也难如预期建立联系。因为在信息过载的时代，需求机会清单很难触达目标企业。同时，企业也难以通过需求清单的只言片语识别真正的机会。因此，需要组织专门的场景对接活动，以实现供需双方的合作。

组织对接会最大的难度在于精准遴选并邀请到合适的能力供给方。在数量庞大的新经科技企业中选择出合适的企业并不容易。前文所提及的“场景创新导航图”能够发挥积极的作用。场景创新导航图反映了某个领域热点场景的分布和其中优秀的企业，透过场景创新导航图能够找到与某个场景相关的企业，以及这些企业的基本信息。此外，为了能够发现合适的对接企业，对接会的组织者还需要及时跟踪行业的动态，特别是处于风口阶段的前沿技术领域，企业的起起落落都属于常态，这更要求组织者能够及时并且准确地跟踪并解读其中的信息。

巧妙地设计场景对接会是提高企业参与积极性并提高对接有效性的重要手段。一种思路是主题聚焦，明确且聚焦的场景对接主题，有助于降低沟通成本，更容易吸引专业的头部企业；另一种思路是邀请有影响力的行业龙头企业发布场景机会清单，对于新经济企业而言，能够在龙头客户面前展示能力是相当具有吸引力的。因此，龙头企业的参与将带来场景对接活动号召力的极大提升。此外，拥有广泛的企业关系网络的对接会组织者，也是保障对接效果的关键因素。

场景对接工作需要避免的一个误区是“区域内小循环对接”。许多城市开展场景对接工作，首先考虑的是如何能够将场景机会对接给本地的企业。对于绝大部分的城市，这种“小循环”的做法存在一些问题。首先，小循环对接往往不容易找到最合适的能力供给企业，本地企业的技术能力和商业化能力可能不足；其次，小循环对接削弱了场景机会的招商潜力；最后，一个小区域的企业，往往难以形成足以支撑新产业的生态体系。因此，正确的做法应该是面向全国的“全国大循环对接”，通过与最优秀的企业合作，发挥场景机会最大的潜在价值。

应该认识到，成功的场景合作不会一蹴而就，场景对接活动所发挥的作用主要在于建立潜在合作双方的初步联系。从双方建立联系到达成合作是一个比较漫长的过程，往往需要经过多轮次的沟通和谈判，就合作的内容、资金安排、成果的收益分配等关键问题达成一致。因此，场景对接工作的主要目标是促成更多合作方见面、相互了解，为后续双方的合作沟通提供有效支持。

五、谋划重大场景项目

通常情况下，场景机会清单中包含了许多新技术的“小切口”应用需求。尽管这些“小切口”场景机会对促进新技术发展具有关键价值，但由于数量众多且关联性不强，如果政府逐一支持，将分散政策资源。因此，对于具有重要价值的领域，需要谋划重大场景项目，将众多的“小切口”场景创新需求整合凝练成为具有一定规模的重大项目，予以重点支持。重大场景项目集合了多个有内在联系的“小切口”场景机会，通过重大场景项目的实施，能够批量化地对多种新技术应用进行验证，为多个参与企业提供场景机会，有利于形成具有竞争力的整体解决方案。

值得注意的是，重大场景项目并非由“小切口”需求简单拼合而成，而是选择有内在逻辑和关联的“小切口”需求，经过进一步的凝练设计而成。

重大场景项目的谋划应当遵循一些标准。第一，应面向重大创新需求或依托重大项目谋划场景项目。第二，场景项目建设内容应当具有关联性，富有“集成性”，在一个载体或一个活动，或是一个底座上开展多个技术的应用试验。例如，综合性的自动驾驶测试场、多种技术集成的智能工厂、融合多种技术的全套储能系统，都是典型的“集成式”场景创新项目。第三，场景创新项目的设计应当由多个主体参与实施，通过开放参与的机制，集成更多的新技术，为更多的企业创造机会。第四，场景创新项目应当具备一定的可视性、可感知性，能够形成标杆效应，让公众或潜在的用户可以感受到新技术的价值和可用性。第五，场景项目应当能够形成具有推广性的整体解决方案，给参与企业带来新的订单。

对于未来产业新赛道而言，因为缺乏明确的应用需求，政府应当创造需求，主动谋划重大场景项目。未来产业的场景谋划应当着眼于新技术的验证需求，并让大众能够更好地感知新技术的价值。因此，比较有效的方式是在一个相对集中的区域，提供对未来产业新赛道的验证场景。

可以采用创新的方式组织场景项目的实施。例如，组团“揭榜挂帅”，组建创新联合体联合承担，或者由平台型企业联合科技初创企业合作承担。简而言之，应遵循“有主有次、多方共建”的思路设计场景项目的组织方式，在将机会给到更多企业的同时，能够让参与各方的工作在将来能够形成有价值的解决方案，从而更大程度发挥场景项目的价值。

六、帮助企业实现场景成长

场景工作的最终目标是通过企业的成长，实现新兴产业培育、提升城市的创新能力。因此仅仅将场景开放给企业是不够的，还需要帮助企业用好场景创新，实现成长。这是场景创新工作的重点，也是场景创新闭环中最有难度、同时也容易被忽视的环节。

与场景相关的企业促进服务包括 3 个方面：第一是场景策划，帮助科技企业寻找创意，选出有价值的目标场景清单；第二是场景打磨，基于目标场景清单，帮助企业形成场景项目的设想；第三是场景对接，帮助企业找到场景机会。

前文讨论过，好的场景创意是企业场景创新和成长的基点。然而，面临的挑战是许多初创科技企业虽然具备强大的技术实力，但是常常不确定应该专注于开发哪些具有价值的应用场景。因此，帮助企业找准场景极为重要。场景策划的任务就是运用合适的工具，帮助企业形成目标场景清单。可以采用长城战略咨询开发的“企业场景爆发打磨画布”工具开展场景策划。该画布工具从 5 个方面帮助企业评估应用场景的价值：①场景应当具有足够的“创意”，通过突破性的想法实现曾经难以满足的需求，同时能够展示新技术独一无二的能力；②场景应该是“小切口”应用，试验的规模不大且很具体，能够让创业公司参与；③场景应该瞄准“大市场”，通过小规模的场景试验可以衍生出大规模的市场；④场景后端的商业应该足够“简单”，产品或服务应当易于成交和交付；⑤场景应该与技术能力和企业能力“匹配”，当前的技术足以支撑应用场景的落地，而且企业有能力完成场景（图 7–1）。

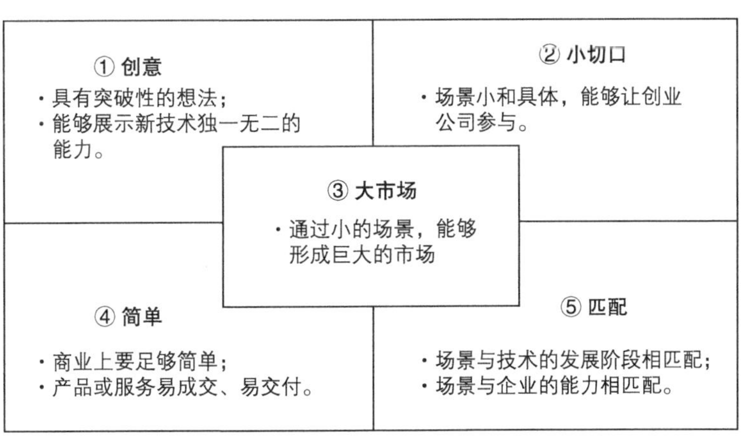

图 7–1　GEI 企业场景爆发打磨画布

打磨场景的任务是帮助企业形成场景合作项目的设计，服务团队应该和企业家一道，根据技术创新、企业发展，以及潜在合作方的价值诉求，设计场景项目的基本框架。框架的内容应当包括项目的建设目标、创新目标、建设内容，以及商业发展目标等。除了项目的内容设计外，还应当研究场景项目的财务安排，可以考虑申请政府的政策性资金，但更好的选择是采用市场化的方式，有合作方按照市场机制出资，并分享场景创新的收益。

企业场景服务的第 3 项任务是场景对接。该任务的目标是帮助企业找到合适的场景机会，基本的工作是帮助企业对接发布出来的各种机会清单。但是，这往往不够，通常需要主动地帮助企业去开发场景机会。这要求服务团队对多个领域都有深入的了解，包括场景创新机制、新技术发展趋势、企业成长规律、政府政策，以及商业合作的基本逻辑等。

这需要服务团队熟悉场景创新机制、新技术发展趋势、企业成长规律、政府政策体系，以及商业合作的基本逻辑。虽然具有挑战性，但是如果希望场景创新机制能够真正地发挥作用，的确需要主动地为新技术和有发展潜力的企业开发场景。尽管充满挑战，但是为了确保场景创新机制能发挥其应有的作用，主动为有潜力的企业进行场景开发是必要的。

此外，需要根据新技术和企业的发展阶段提供有针对性的场景服务。具体而言，根据新技术的市场化成熟度不同，科技企业对于场景的需求可以分成 4 个阶段。

第一阶段是技术验证阶段。此时科技创新企业最迫切的需要是能够支持技术验证的场景。以自动驾驶技术的发展为例，在自动驾驶技术发展早期，大量的自动驾驶企业需要在受控的测试环境中打磨技术、收集数据、迭代能力，同时自动驾驶企业也需要在试验场中收集足够的运行数据，向监管部门申请开展进一步运营的批文，这时需要为企业寻找能够进行技术验证的试验环境。

第二阶段是商业化验证阶段。在这个阶段，科技企业需要能够向公众和潜在客户证明其产品商业化能力的标杆场景。就自动驾驶而言，当绝大部分企业进入了这个发展阶段，企业最为需要的场景是在城市真实道路上的运营机会，以向大众展示该技术的可用性。

第三阶段是商业化推广阶段。处于这个阶段的科技企业迫切需要有一定规模的场景订单，以通过规模化的部署或实施，打造供应链或生态体系。就自动驾驶而言，处于这个阶段的企业需要有一定规模的商业化运营机会，以此逐步建立起能够持续支撑企业发展的商业能力。

第四阶段，也就是大规模市场化的阶段。在这个阶段中，政府提供的项目机会已经难以支撑企业的发展需求，企业最需要的是监管机制的创新，以释放巨大的市场场景机会。

以上所讨论的 4 个阶段的场景需求，不一定会全部出现，或是按照 4 个阶段分别到来，但是这种分类有助于理解科技创新企业分阶段的场景需求，以便针对性地为企业提供场景服务。

七、建立闭环的场景促进体系

从场景机会挖掘，到场景对接和场景落地，再到实现新技术的突破和企业的成长，这是完整的场景创新闭环。作为一种新兴的创新模式，让市场机制发挥激励作用，从而使场景创新各方自愿自觉地完成所有创新环节，当前，是存在相当难度的。场景创新并不会自然而然地发生，需要政府提供必要的推动力，以及专业机构提供深度的促进服务。场景促进服务应当包括场景智库支持、场景清单梳理、场景项目凝练、场景供需对接服务、企业场景加速服务、场景标杆发现和宣传等服务。场景促进服务并不是要替代政府在场景创新体系中的角色，而是真正发挥好促进的角色，通过专业知识和扎实工作，帮助企业找准场景创新的方向，把相关的参与方聚集到一起，并且推动场景创新流程上的各个环节形成完整的闭环。

此外，构建场景体系特别需要市场化专业机构参与进来，开展场景促进工作。这是因为场景促进工作需要综合性的专业知识，场景促进团队不仅需要懂技术、懂企业、懂产业，还需要懂场景创新方法，才能够完成场景发掘、场景对接、企业成长服务等一系列的工作。场景促进工作需要贴近市场的一线创新活动，只有科技企业的创新活动有足够的敏感性，才能够在错综复杂的创新网络中找到工作的突破点和发力点。拥有足够广泛的创新网络资源也是开展场景创新必不可少的基础能力，规模更大的创新网络，更加能够发挥场景资源的价值。因此，从本质上看，场景创新促进服务是一种网络化的创新促进服务，促进服务机构在创新网络中发挥中介、链接和促进的作用，其自身必须是创新网络中的一部分，同时其工作的目标也应该是促进该网络的进一步活跃和强化。社群机制和市场机制是创新网络运行和成长的基础规则，只有尊重和借助这些规则，才能够实现真正的场景促进目标。

以上是长城战略咨询为众多客户提供场景创新研究和场景促进服务过程中形成的知识和经验。作为一种新兴的创新范式和创新工作抓手，虽然其重要性已经被各方感知，但是场景创新的内在规律和工作方法尚未得到系统的研究，也没有成为政府和企业的普遍实践，其潜在的巨大价值还远未被发掘。这正是本书的选题——场景，未来创新的驱动力——的初衷，希望通过本书对场景创新的讨论，能够带来全社会对场景创新的重视，形成场景创新的普遍实践，让场景创新真正成为新经济时代创新体系的关键支撑。

第八章
场景创新的城市实践

一、场景创新的全国实践

场景创新已经在许多城市开展。《中国场景创新研究报告（2023）》（简称《报告》）对截至2022年底全国GDP排名前100位的城市的场景创新工作进行了系统的整理和分析，发现共有43个城市开展了程度不一的场景工作。根据城市开展场景工作的深度和广度，它们可以分为4个梯队。

第一梯队的城市以北京、合肥为代表，实现了全市统筹、系统推进。这类城市普遍建立了比较系统的场景工作体系，这些工作主要有3个特点。

一是一把手高度重视场景工作，建立了全市统筹机制，并制定了场景专项文件，在全域层面系统化推进场景工作。例如，北京于2019年启动场景工作，得到了市委市政府高度重视，先后发布了《北京市加快应用场景建设推进首都高质量发展的工作方案》和《北京市加快新场景建设培育数字经济新生态行动方案》，建立了全市应用场景建设统筹联席会机制，依托联席会机制开展市级场景的征集、发布、统筹协调。合肥由市发改委牵头，2022年印发了《合肥市实施场景应用创新三年行动方案》，提出全领域、全市域、全流程工作体系，要打造全域场景应用创新之城。总体来讲，第一梯队的城市从全市工作统筹出发，编制场景顶层设计文件，将场景创新作为全市重点工作系统化推进，工作方向、工作重点、责任分工明确。

二是系统有序地开展了清单发布、供需对接落地、场景大会宣传推广和政策支持等方面的工作，并取得了一定成效。例如，北京自2019年起，每年发布30个市级重大应用场景项目，连续4年共发布了120个，同时经信、国资等部门也从不同领域出发，积极推动专业领域场景工作。合肥首创提出了场景机会清单、场景能力清单两张场景清单工作机制，建立了季度场景清单发布工作体系，2022年共发布3批场景机会清单，释放100个市级场景机会，推介了3批106个场景能力，其中不乏具备国际领先、国内首创的场景解决方案。自合肥之后，编制发布两张场景清单成为了各地启动场景工作的新标配。

三是实现了场景供需对接活动的常态化。例如，合肥成立了首个城市级场景创新促进中心，常态化、系统化开展场景促进服务，按照“天天有推介、周周有对接、月月有路演、季季有活动”的机制，持续推进全市场景工作，2022年陆续组织了智能制造、网络安全、医疗影像等不同主题领域场景对接会，帮助本地场景需求方对接全国优秀能力方案，帮助本地优秀场景能力企业面向全国做方案推介，实现“为产品找场景、为场景找产品”。

第二梯队的城市以青岛、南京、武汉等城市为代表，在特定领域开展了系统性的场景工作。他们围绕特定领域推动场景开放，在工作机制、场景清单、场景对接、场景项目支持等方面形成了亮点经验。

一是聚焦专题领域，常态化发布场景清单。例如，青岛，由市工信局牵头，自2020年起连续3年每季度发布“工业赋能”“未来城市”两张场景清单。南京，由市经信局牵头，先后发布《南京市关于加快应用场景建设2021年行动方案》《南京市2022年推进应用场景建设 引领产业高质量发展行动方案》，每个季度面向全市发布应用场景清单。济南，由市工信局牵头，自2020年起连续3年每年发布两批人工智能应用场景需求。武汉，由市工信局牵头，自2021年起，每年发布数字经济应用场景需求。

二是系统组织供需对接活动，推动场景合作。青岛自2020年开始，持续开展场景对接，连续举办了四届人工智能“百企百景”对接洽谈会；2022年，南京以“宁创新品”为主题，以每月“1场应用场景观摩+1场创新产品推介”形式，开展了行业板块场景对接活动；武汉，举办了人工智能场景创新对接会，为人工智能新技术转化落地、新产品进入市场提供窗口渠道，同时搭建了国内首个场景孵化器，助力央企和产业龙头企业“机会清单”与创新型企业“能力清单”实现高效匹配。

三是制定场景支持政策，对示范项目予以奖励。青岛每年遴选认定青岛市“人工智能十佳场景示范”，给予最高不超过200万元的奖励；济南提出对场景建设牵头企业给予支持，并以揭榜挂帅形式支持了9个人工智能典型应用场景建设示范项目；武汉评出2022年度人工智能示范应用场景，按照其实际投入的30%给予每个最高200万元资金支持。

第三梯队的城市以苏州、长沙、沈阳等城市为代表，能够不定期发布场景清单，并且开始组织场景的对接。例如，苏州由市工信局牵头，在2022年连续发布了4批次“国家新一代人工智能创新发展试验区（苏州）应用场景”。长沙，由市工信局牵头，2020—2022年持续在智慧城市领域发布场景机会清单。2021年，沈阳由市商务局牵头，重点围绕载体招商开展场景工作，并举办城市机会场景清单发布会，向全球发布场景机会；2021—2022年，沈阳连续发布两批“五型经济”应用场景，聚焦“五型经济”持续加大场景资源开放力度。

最后一类为第四梯队，这些城市的场景创新工作大多处于起步阶段仅有零星的场景工作。无锡、宁波、天津、重庆等城市的场景工作都属于这一类他们只是零星的发布场景清单，尚未形成常态化、持续化的工作机制。

此外，《报告》发现，有效推进场景工作的城市都开展了不同程度的体制机制创新，主要包括以下 5 个方面。

一是出台顶层设计文件，明确场景创新的方向、关键流程机制和工作牵头部门等。例如，北京市由市科委、中关村管委会牵头，先后发布两个场景主题的指导性文件，每年制定年度工作要点。合肥市由市发改委牵头，2021 年底启动场景工作，2022 年出台三年行动方案，提出“三全”工作体系。制定顶层设计文件的目的在于，从全市工作统筹出发，将场景创新作为全市重点工作系统化推进，明确工作方向、工作重点、责任分工。

二是成立市级层面的场景议事协调机制，由市领导挂帅，统筹推进。例如，北京建立了全市应用场景建设统筹联席会机制，明确 7 家主责单位和 46 家成员单位，联席会办公室设在市科委、中关村管委会，牵头全市应用场景工作；合肥建立了市场景应用创新工作领导小组，由市委市政府主要负责同志担任组长，市委市政府分管同志担任副组长，市直相关部门及县（市、区）、开发区负责同志担任成员，负责谋划全市应用场景布局、统筹场景资源、协调重大问题，领导小组办公室设在市发改委，负责落实领导小组工作部署和场景应用创新日常工作。

三是多部门、多主体联动，通过行业部门推进专业领域的场景工作。例如，2023 年，北京市经信局围绕智慧城市场景出台《北京市关于推进场景创新开放加快智慧城市产业发展的若干措施》，在智慧城市领域推动场景开放、供需对接、场景技术验证、成果转化等场景工作。同年，深圳市工业和信息化局、市城管和综合执法局、市中小企业服务局 3 部门联合发布“城市 + AI”应用场景清单，加快实现人工智能在全域全时场景应用。

四是动员政府部门和国企等主体开放场景。例如，上海组织国企数字化转型大赛，分赛道让国企出题，科技企业答题，促进国企和科技企业交流合作；鼓励国企开展人工智能试点应用场景建设，上海集成电路研发中心、上海机场、吴淞口投资集团等都纳入过相关试点项目。

五是出台场景支持政策，加强资金支持与引导。例如，北京于 2022 年发布场景支持措施，对于市级重大示范应用场景最高支持 1000 万元，2022 年首次兑现支持了 6 个典型场景项目。上海提出对列入“上海市人工智能试点应用场景”的重大专项项目，按项目投资额 30% 予以支持，最高支持额 2000 万元。成都 2020 年出台

《供场景给机会加快新经济发展若干政策措施》，支持场景实验室、场景 IP、场景基础设施建设。合肥依托科大硅谷政策体系，支持企事业单位打造示范应用场景，经认定后，按实际投资额的 30%，给予最高 1000 万元补助，对特别重大影响力的示范应用场景给予“一事一议”奖励。

总体而言，在北京、合肥等创新城市的积极探索下，场景创新的概念已经得到越来越多城市的认可，场景创新已经成为提升城市治理能力、培育新经济新赛道的新抓手，在许多政策文件中均有所体现。从实践来看，一些做得比较好的城市已经迈过了概念导入的阶段，能够准确把握场景创新的核心特征，并以此为基础，开展场景清单发布、场景供需对接等工作，并且出台了有分量的支持政策。更为重要的是，许多城市基于场景创新的基本规律，正在探索更加符合自身城市特质和产业禀赋的场景创新之路，北京、合肥、上海等城市都是场景创新的积极推动者，他们的实践经验值得深入研究。

二、城市案例 1：北京，以科技创新为主线推动场景创新

北京自 2019 年起，持续推进全域应用场景建设工作，以场景创新促进科技创新为主线，建立了全流程场景工作体系，在全市统筹协调、场景清单征集凝练、场景发布实施，以及政策保障等方面开展了一些实践，相关经验如下。

（一）加强顶层设计，全市统筹推进应用场景建设

自 2019 年以来，北京先后发布了《加快应用场景建设推进首都高质量发展的工作方案》《北京市加快新场景建设培育数字经济新生态行动方案》等一系列应用场景指导性文件。其中，在《北京市加快应用场景建设推进首都高质量发展的工作方案》中，明确提出在北京推进科技创新中心建设办公室框架下，建立市级层面应用场景建设统筹联席会（简称“联席会”）。在联席会机制下，由市科委、中关村管委会，市经信局、市发展改革委等 7 个部门作为主责单位，市教委、市交通局等 25 个部门和 16 个区、经济技术开发区作为成员单位，协同推进场景创新工作，其中联席会办公室设在市科委、中关村管委会。联席会成立以来，在全市场景工作统筹、场景资源调度等方面发挥了重要作用，通过各部门、各单位紧密协同，实现了对全市重点场景资源的统筹调度。

一是凝聚场景共识，推动全市形成场景创新合力。在场景建设联席会机制的带动下，各市直部门、区普遍认识到了场景对于促进创新的重要价值，市级层面市经信局、市卫健委、市交通委、市金融局等部门结合各自领域实际工作，主动推进场景工作。区层面，通州、海淀、朝阳、顺义等区也率先成立了场景工作机制，全面推动区级层面场景创新。

二是统筹场景资源，实现有效分工与高效协同。联席会机制对主责单位、成员单位的工作要求与职责进行了明确分工。在 4 年多的场景工作推进中，依托联席会机制开展了场景项目的征集、前置评议、场景进度跟踪调研等工作，明确了场景创新工作流程，初步形成联席会成员单位、国企、科研机构协同推进的场景创新格局。

（二）加强场景策划，推进“两级三类”场景工作

2023 年，北京市应用场景工作再次升级。7 月，北京市应用场景建设统筹联席会正式印发《北京市进一步统筹应用场景完善全流程创新体系工作方案》（京场景发〔2023〕1 号），提出了“两级三类”应用场景概念，锚定十大应用场景重点领域，制定全市应用场景整体发布机制，进一步打造全市应用场景“一盘棋”。

所谓“两级三类”应用场景，是指两级管理和三类清单的场景工作体系。在新的工作方案中，北京提出要重点聚焦应用场景需求、应用场景能力、应用场景示范项目三类清单，统筹推进全市应用场景组织实施工作。其中，应用场景需求清单，是指具有明确的应用场景开放单位及新技术合作需求的场景机会，发布目标为寻找技术提供单位。应用场景能力清单，是指具有新技术能力的科技企业创造性运用人工智能、量子信息、云计算等新兴技术，形成的应用场景解决方案，发布目标为寻找方案实施机会。应用场景示范项目清单，是指已经实施完成或具有重大进展的应用场景项目，具有较强领先性、示范性、带动性和可复制推广性，能够综合展现北京城市魅力和重要科技创新成果，发布目标为进一步推广示范。

（三）加强企业培育，支持优秀科技参与场景建设

在推动场景创新工作中，北京市非常重视新经济科技企业的作用，持续发掘城市治理、产业创新中的痛点和难点形成场景需求清单，并面向新经济科技企业发布，为企业新技术新产品验证落地搭建“比武台”，推动企业培育模式从“给优惠”向“给机会”转变，通过开放场景助力科技企业成长。

积极组织开展场景对接活动，大力支持在京央企国企、科技平台企业、专精特新“小巨人”、人工智能初创企业等各类主体积极开展场景创新，参与城市、产业场景建设，帮助企业通过应用场景建设实现产品验证熟化，带动突破了一批关键核心技术，实现了成长。在基于元宇宙的首钢工业遗产保护场景中，北京当红齐天国际文化科技发展集团有限公司应用 5G+XR 技术对首钢园 1 号高炉进行改造，在最大限度保留高炉原有结构和外部工业建筑风貌的基础上，以中国科幻故事为线索，植入 VR、AR、全息影像等炫酷的前沿创新科技，打造了集文化、科普、体育、娱乐、休闲、消费于一体的全沉浸式主题科幻综合体，验证了 5G 边缘计算 + 云 XR 技术方案，促进了 XR 内容产业、终端轻量化、云 XR 平台化的发展。

（四）加强场景开放，在大项目中挖掘场景机会

北京作为首都和超大型城市，拥有许多全球范围内独特的场景资源。北京的重大工程、重大项目资源丰富，能够为各种前沿技术、解决方案提供“比武台”和“试金石”，经过北京市场验证的方案将很容易成为全国的标杆。北京也充分发挥场景资源丰富优势，在大项目中挖掘场景机会，打造了一批标杆场景项目。

2022 年，北京冬奥会全面开放了场馆建设、赛事保障、赛事运维、赛事直播等各类场景机会，为科技企业和技术产品提供测试、展示、验证的“试验场”，国内 500 多家科技企业和超过万名科研工作者深度参与，“猎豹”超高速 4K 轨道拍摄系统、人工智能气象服务、亿像素全景监控摄像、二氧化碳跨临界直冷制冰等 212 项技术在真实环境下开展了验证应用，其中 4 项技术为全球首次推出、33 项技术为冬奥会首次使用；羽衣甘蓝、超星未来、象辑科技、拙河科技、全色光显等一批技术领先的科技企业脱颖而出。

北京亦庄高级别自动驾驶示范区探索了车路云一体化的自动驾驶测试场新模式，采用“底层打通、全网融合、多方投入、共同使用”的模式，政府投资建设高可靠、低时延的通信网络设施、可持续发展的感知基础设施、高精度地图与定位基础设施、以及边缘云、区域云与中心云等云基础设施，为自动驾驶测试企业提供统一的数字底座，为自动驾驶企业、车联网企业提供各种验证场景，加速自动驾驶技术的测试与转化应用，已集聚了百度、小马智行、主线科技、新石器、云控智行、国汽智图等 40 余家头部企业，“车路云网图”产业链条逐步完备，智能网联汽车产业生态不断优化。

（五）推动央企开放产业场景，与科技企业联合创新

北京集聚大量央企、国企资源，拥有中国世界 500 强企业 61 家、占全国企业总数的 4 成。这些企业掌握大量行业内基础资源和核心技术，能够充分利用中国的大市场，构建有效的产业创新平台，通过为产业关键技术提供试错环境、实验载体、商业基础等创新要素，与新经济科技企业开展联合创新，培育产业新业态。发挥央企集聚的优势，充分调动在京央企、国企积极性，并与优势科研机构联合开展场景创新，是北京开展场景工作的独特优势。

2019 年 10 月，北京市与国务院国资委科技创新和社会责任局联合发布首批 20 项央企应用场景建设项目，促进央企需求与各类创新主体技术产品的精准对接，深度参与北京全国科技创新中心建设。

2021年1月，北京市政府指导成立长安链生态联盟，推动联盟内的央企开放产业数字化场景，用于加速微芯研究院长安链技术的迭代及落地，助力数字经济时代的区块链国家主链建设。自2021年初发布以来，长安链生态联盟成员已达50家，囊括了27家央企，28家“世界500强”企业。其中，已开放的产业数字化场景包括：中粮集团的长安链食品安全场景、华电集团的长安链物资采购场景、中国通用技术（集团）的长安链医疗健康场景、中国联通的长安链5G信息通信场景等，强有力地带动了以“长安链”为代表的北京一大批区块链核心技术和企业的成长。

2023年12月15日，2023年国有企业应用场景发布会在京举行，以“融通创新 智引未来”为主题，聚焦智慧城市建设、产业转型升级、产业前沿科技等领域，发布108项应用场景。同时，发布会设置了3个对接专场，邀请百余家科技企业和高校院所共同交流技术解决方案，强化创新链、产业链、供应链协同联动，着力构筑以国企场景创新需求为支撑的首都协同创新良好生态圈。

（六）加强政策支持，推进场景创新生态建设

2022年，市科委、中关村管委会通过深入研究与广泛征求意见，在6月出台的中关村示范区“1+5”系列资金支持政策中纳入了场景支持政策，每年安排专项资金，重点从3个方面对场景进行支持：一是支持首创产品首次进入市场，支持属于国内（国际）首创产品实现首次应用；二是支持保险补贴机制在首台（套）市场推广中的应用；三是支持重点应用场景示范项目建设。目前该政策已经连续两年实施，2022年支持了园区级氢燃料商用车建设运营管理示范应用、基于长安链的大型企业物资采购示范应用等6个项目，2023年支持了AI赋能的北京城市副中心居民胸部疾病就医服务场景、基于元宇宙的首钢工业遗产保护场景、5G+8K超高清融合场景等9个项目，带动了5G、互联网3.0、氢能等前沿技术的验证应用。

此外，北京也着重激活市、区两级政府资源，鼓励各部门、各区出台应用场景配套资金支持政策，激发应用场景建设活力，围绕场景工作形成政策合力；统筹利用各类政府资源支持应用场景建设，在财政资金、金融服务、数据开放、科研立项、业务指导等方面加大对场景工作的支持。

三、城市案例 2：合肥，打造全域场景应用创新之城

2022 年，合肥成立全国首个城市级场景创新促进中心，率先探索从场景清单、场景对接到场景示范推广的全流程工作机制。2023 年 10 月 4 日，央视财经《经济半小时》做了合肥“新场景”激发科转新活力的专题报道，对合肥场景经验和模式做了深入解读。场景创新的“合肥经验”，受到了社会各界的广泛关注。

（一）成立专业机构，用市场化思维推进场景创新

2020 年，《国务院办公厅关于进一步优化营商环境更好服务市场主体的实施意见》提出，围绕城市治理、公共服务、政务服务等领域，鼓励地方搭建供需对接平台等，为新技术新产业提供更多应用场景。2022 年 5 月，合肥市联合第三方智库咨询机构，成立了合肥场景创新促进中心，组建专业服务团队，开展场景创新研究和市场化促进服务。2023 年 7 月，采取“政府指导、国资参股、公司运作”方式，由科大硅谷服务平台（安徽）有限公司、合肥高新建设投资集团有限公司、合肥市滨湖新区建设投资有限公司、合肥市科创集团有限公司、合肥兴泰金融控股（集团）有限公司、北京与仁科技服务有限公司六家单位，共同出资组建实体化运作的合肥市场景应用创新促进中心有限公司。从场景创新促进中心到实体化运作的场景公司，核心定位是抓“两找”：为产品找场景，为场景找产品，搭建产品和场景对接平台，促进新技术新产品快速产业化。通过发挥各方优势，建设全市场景创新服务生态，常态化开展全市场景挖掘、打磨策划、清单发布、对接路演、推广服务等全流程场景创新促进服务，成为城市系统推动场景创新工作的核心抓手。

（二）强化顶层设计，形成体系化的场景工作机制

《合肥市实施场景应用创新三年行动方案》提出了“全域场景应用创新之城”的战略目标，从全领域、全市域、全流程系统部署场景创新工作，形成城市场景创新路径探索的顶层设计方案，并实施“十百千”场景创新工程——每年落地不少于 10 项标杆性场景，新增不少于 100 项示范性场景，为不少于 1000 家企业开展场景对接。成立合肥市场景应用创新工作领导小组，由市委、市政府主要负责同志担任

组长，市委、市政府分管同志担任副组长，市直相关部门及县（市、区）、开发区负责同志担任成员，负责谋划全市应用场景布局，统筹场景资源，协调重大问题。领导小组办公室设在市发改委，负责落实领导小组工作部署和场景应用创新日常工作。市发改委筹建场景创新推进处，负责推进场景创新工作。加强部门横向协同和市区上下联动，各部门共享重大项目进展、场景资源挖掘等信息；各县（市、区）、开发区围绕区域特色和发展重点，积极打造场景标杆示范，探索差异化的场景应用创新模式。

（三）挖掘场景资源，按季度发布“两张清单”

合肥将场景清单挖掘作为城市场景创新的基础性工作，创新性推出“两张清单”工作机制，实现城市场景开放机会和场景创新解决方案两手抓：面向政府机关、国企事业单位、大企业等各类主体，围绕企业生产、城市建管、社会民生等城市发展方方面面，挖掘可开放的场景机会，形成机会清单；面向科技企业、研发机构等，挖掘新技术新产品和场景创新解决方案，形成能力清单。其中，场景机会的挖掘，逐步形成分类分层的工作逻辑。一方面，突出分类挖掘，根据市级工作重点，由市发改委统筹，联合有关部门分产业、分领域、分主题组织挖掘和征集，形成了重点产业链场景清单、“双碳”主题场景清单、智能网联汽车场景清单等。截至 2023 年底，已通过召开场景发布会等方式，发布了 5 批次场景清单，累计发布 195 个场景机会和 216 个场景能力方案。另一方面，突出分层策划，除常态化征集单个主体的小切口场景机会外，面向重大项目重大工程和重大产业发展需要，主动策划骆岗公园、低空经济等特色超级场景。

（四）构建开放生态，建立高价值场景共建共享平台

2022 年 9 月 16 日，在“全国双创活动周”主会场举办 2022 中国（合肥）首届场景创新峰会，2023 年 8 月 4 日举办 2023 中国（合肥）场景创新峰会暨独角兽发展论坛，邀请全国 100 多家独角兽（潜在）和前沿科技企业到合肥共话高价值场景，累计吸引线上线下超过 600 万人次关注。从 2023 年开始，按季度举办“独角兽合肥行”活动，邀请独角兽等新物种企业到合肥，分享交流最前沿的场景创意实践和创新解决方案，探讨在合肥共建共享场景，推动场景交流合作。围绕重点企业、重点场景建设需求，梳理本地和全国具有相应解决方案的科技企业和创业团队，常态化开展场景供需对接会，落地场景项目。截至 2023 年底，全市累计举办各类场景对接活动 72 场，服务覆盖企业超 1200 家。据不完全统计，已促成意向合作超 100

项，已落地场景合作20余项。

（五）注重场景科普，推动全市域场景创新认知升维

面向全市开展场景科普和培训，推广场景理念。场景工作启动之初，工作团队走进市直部门、县区、园区、国资国企等，集中开展53余场景调研和座会，市发改委通过“发改大讲堂”面向全市举办场景创新主题培训，在合肥各类媒体累计开展场景专题报道百余次。2022年12月，合肥广电全媒体栏目《说合肥，开展揭秘合肥“全域场景创新之城”》主题报道，连续一周在合肥市广播电视台新闻频道等四大主频道、合肥交通广播、合肥地铁TV及市政府大屏上滚动播放；同时，各大新媒体平台如微信公众号、视频号、抖音、快手等均有发布推广，向全市市民和企业传递场景创新无处不在的理念，激发全市形成场景思维和认知。打造“合肥场景发布厅”官方网站，展示合肥场景清单，通过“合肥场景创新促进中心”公众号，每天推介合肥场景，持续追踪全球场景创新动态。2023年3月，国家发改委发布文章《安徽合肥加快打造“全域场景应用创新之城”》，将“合肥场景创新工作”列为国家“近期经济运行亮点”，推广合肥场景创新的实践和经验。

综合来看，合肥场景工作之所以能够“后来居上”，快速成为全国场景创新的新标杆，主要在于政府、市场、各类创新主体和创新要素的有效协同。

一是坚持“有为政府”引导，系统性部署场景创新工作。合肥市委市政府对场景工作的高度重视，是场景创新在合肥得以顺利实施的重要保障；合肥市场景创新三年行动方案的出台，系统性谋划部署场景工作也是合肥场景有计划、有步骤实施的重要依据。

二是发挥“有效市场”力量，有章法地推进场景创新工作。我国地方场景创新实践已从清单征集发布逐步转向推动场景落地的发展阶段，面对大量碎片化场景需求挖掘、对接和促进的服务需求，合肥建立运营化思维，借助市场化手段，联合专业第三方机构成立共同“场景创新促进机构”，组建专业化团队，常态化开展场景挖掘、策划、对接、发布、推介等全流程的场景创新促进服务，形成场景工作闭环，务实推进场景创新工作，这是合肥场景创新实践成功的又一重要经验。

三是加快构建“开放生态”，激发场景创新活力氛围。合肥在推动场景创新工作中，始终重视上下联动、多元协同，积极调动本地科研院所、科技企业、投资机构、地方媒体等各类生态资源，营造城市内部全域场景创新生态。同时，高度关注全国新物种企业的场景创意，发挥新物种企业作为场景的发现者、实践者和资源组织者的作用，吸引全国新物种企业联合创新，共建共享场景。

四、城市案例 3：成都，以场景营城成就城市新品牌

场景营城是创造幸福美好生活的路径设计，是构建公园城市的制度安排，其落脚点是满足人们日益增长的美好生活需求。成都是场景营城的提出者，2021 年 12 月，《成都市“十四五”新经济发展规划》中提到，要秉持场景营城理念，通过提升应用场景能级、构建应用场景体系、供给多元应用场景，推动城市场景化、场景项目化。近年来，成都正着眼“筑景成势营城聚人”，加快构建美好生活、智能生产、宜居生态、智慧治理城市场景体系。其值得借鉴的做法有：

（一）推动城市场景向场景营城全方位跃升

场景创新的理念和实践在成都经历了数年的演进。成都的场景源起新经济，2017 年在全国最早提出“七大应用场景”，主要是解决新技术、新业态、新模式落地应用的问题。2020 年 3 月，成都市人民政府办公厅印发了《供场景给机会加快新经济发展若干政策措施》提出系列政策措施，如支持企业独立或牵头组建“创新应用实验室”，鼓励企业独立或牵头组建“城市未来场景实验室”，实施“十百千”场景示范工程，评选应用场景示范区、示范应用场景等，分别在支持硬核技术攻关催生新场景、应用场景市场验证及加大示范推广打造应用场景“IP”等方面，成为成都市推动创新场景工作的重要抓手。

近年来，成都的场景创新从新经济应用场景逐步扩散到新消费场景，满足人们对美好生活向往的“个体需求”；再扩散到社区发展治理场景，解码幸福城市背后的社区服务场景这个“群体空间”；再延展到城市公园场景，推动公园城市示范区建设场景化，不断增强城市的宜居舒适品质，并把这种品质转化为市民可感可及的美好体验。

可以说，成都的场景建设关注点正经历从“个体”到“群体”再向“城市整体”的转变，建设过程由点到面，渐次铺展城市全场景蓝图，最后上升到对“场景营城”的理论探索和路径实践。

2022 年 1 月，《中共成都市委成都市人民政府关于以场景营城助推美丽宜居公园城市建设的实施意见》出台，明确提出秉持场景营城理念，以城市场景化、场景

项目化提升城市规划建设管理运营水平，加快构建多维度多层次城市场景体系，推进市民高品质生活、经济高质量发展、生态高价值转化、城市高效能治理；着眼“筑景成势营城聚人”，加快构建美好生活、智能生产、宜居生态、智慧治理城市场景体系，高质量建设践行新发展理念的公园城市示范区。

（二）以场景营城实践案例强化示范引领

为强化示范引领，加快推动四大城市场景体系构建，成都市新经济发展委员会联合成都新经济发展研究院编制了《场景营城 成都创新实践案例集》（简称《案例集》）和《场景营城创新地图》（简称《场景地图》），并于2022年6月15日，在“数字赋能智慧蓉城”城市机会清单发布对接会上正式对外发布。《案例集》从2020—2021年度政府立项支持的应用场景示范区、示范应用场景、创新应用实验室、城市未来场景实验室中，优选、收录了四大类型共78个案例，并从技术创新、场景创新、市场潜力、带动效应、推广价值等维度，总结提炼了成都场景项目的经验做法。与之配套，《场景地图》直观展示了2020—2021年度政府立项支持的全部127个场景案例的落地应用地址，四大类型场景案例在成都23个区（市）县的分布态势一目了然。《案例集》和《场景地图》是第一套较为系统地总结提炼成都场景营城创新实践经验的载体，其内容是对成都场景营城工作阶段性成效的一次集中展示。

（三）构建美好生活场景

人们对美好生活的向往正在从基本的物质满足向精神文化层面跃迁，文化成为一座城市最为显著的身份标签与影响力之源。美好生活场景承载了人们的文化认同、美学价值、美好生活的关系网络。成都对美好生活场景的构建聚焦国际消费、新型消费、社区生活、天府文化等细分领域，通过生态景观、文化标签、美学符号的植入，创造人文价值鲜明、商业功能融合的美好体验，使人们的城市生活更丰富、更便捷、更有趣，推动“烟火里的幸福成都”成为更具吸引力的品质生活宜居地。

例如，春熙路是享誉全国的百年商街。在场景营造中，注意几点：一是古朴时尚，打造特色鲜明的消费场景。街区格局和建筑风格与现代时尚和本土特色深度融合，国际风尚与蜀风雅韵在这里交相辉映。成都国际金融中心的爬楼熊猫不仅是春熙路的网红地标也是成都的地标建筑；紧邻的远洋太古里同样别具一格，纵横交织的里弄、开阔的广场空间、值得把玩的生活趣味、大都会的休闲品位、林立的精致餐厅无不展现出这里历史文化及商业交融的独特氛围。二是创新发展，打造夜游经济等多元消费场景。从火爆的夜间超市到24小时快餐店，从24小时不打烊静谧书屋到喧闹的春熙路夜市，融合了艺术、文创、赛事等新兴消费业态的春熙路商圈的“夜间消费场景”正在城市的夜间频频发力，以期在夜晚呈现出白天“蓝”下同样的城市活力。区域大力探索营造夜游、夜市、夜展、夜秀等文旅消费新场景、新业态、新模式。目前聚集潮流剧本游戏、VR体验、光影演绎、影院剧场业态100余家，形成了有吃头、有玩头、有看头、有文化、有消费的夜经济发展格局。三是提升国际影响力，塑造多元活力的体验场景。精美绣品、买手店潮服、古着商品、时尚香氛，还原千年繁华胜景，注入潮流时尚活力。在众多优质商业机会场景的加持下，“十二月市”重现成都，融合新消费新场景特色，重新“绣织”新月市场景，持续营造商业活力氛围，引爆商业机会，拉动消费需求增长点，实现推门就是美好生活。年均举办各类外展及主题活动340余场。目前，已培育了“成都十二月市”“国际书店论坛”“全球风格论坛”等具有国际国内影响力的10余个文旅活动品牌，实现周周有活动、月月有爆点、季季有热度。

（四）打造宜居生态场景

绿水青山就是金山银山，生态宜居日益成为幸福美好生活的重要标准。成都有丰富的生态资源、良好的生态本底。宜居生态场景的构建聚焦绿色低碳能源、绿色空间、公园绿道、碳中和等细分领域，推动生态环境治理向生态价值创造延伸，塑造“可进入、可参与、可感知、可阅读、可欣赏、可消费”的高品质场景体验，为市民创造新的生活方式，为城市注入新的发展活力，让“雪山下的公园城市”城市品牌更加闪耀。

例如，由四川国蓝中天环境科技集团有限公司承建的成都经开区大气环境智能监管场景，依托其自主研发的AlphaMAPS智能化大气监测管治系统，配备紧凑型固定空气监测站、微型固定空气监测站、移动式空气监测设备、大气污染巡检车等，实现大气环境智能化、一体化管治。作为政企合作的样板工程，该场景将面向全国推广大气管治智能化解决方案，有望改变传统依赖大量硬件设备采集空气质量数据的现状，带领行业进入“以算代测”的时代。

五、城市案例 4：佛山，开放智造场景激活制造产业新动能

制造业是佛山经济腾飞最核心的“密码”，占佛山 GDP 近六成，助力佛山跻身万亿级城市队伍。近年来，在新技术驱动下，全球制造业面临重大调整，伴随全球疫情、绿色生产、人口红利等因素影响，佛山制造业增长放缓，亟须加速新旧动能转换、实现制造业高质量发展。因此，佛山市积极推动制造业网络化、数字化、智能化的转型工作。佛山高新区作为佛山市新技术应用、新业态试点的创新活力区，把“场景”作为推动制造业高质量发展的有力抓手，围绕新技术、新方案在智能制造领域的落地应用，探索了一系列场景工作开展方法。作为国内首个围绕智能制造领域开展场景的园区，佛山高新区的许多创新点值得借鉴。

（一）聚焦佛山优势产业的智能制造共性需求

佛山高新区聚焦高端装备、智能家居、新材料、电子核心等优势产业发展需求，以民营企业为主体，开展场景工作，探索“市场驱动、企业主导、政府支持”的场景建设新模式。佛山高新区依托区内 2000 多家规上企业，以发放问卷、实地调研、开展专题座谈会等形式，挖掘区内企业场景开放需求。高新区重点关注这批具备较好成长性、营利性和数字化投入基础的企业，围绕它们在数智化转型升级过程中亟须解决的堵点、痛点问题，探讨场景开放内容。结合产业带动性、技术示范性等标准，高新区汇集形成高新区智能制造场景企业库，从中提炼行业、企业的共性需求。

例如，在企业数字化转型基础层面，提炼出设备数采互联、跨系统数据灵活调度等共性需求。在重点行业数字化转型层面，围绕智能家电数字化，提炼了终端产品智能创新、智慧生产决策等共性需求；围绕定制家居数字化，提炼出协同云设计、智能焊接机器人、个性化大规模定制化等共性需求；围绕装备制造数字化，提炼了装备产品向后市场数据服务拓展的共性需求；围绕电子核心、陶瓷、金属加工等领域数字化，提炼出 AI 在线检测、物料智能识别与溯源等共性需求。

（二）以新物种企业创新方向作为清单设计的指引

佛山高新区大胆创新了场景的工作方式，先从新物种企业创新方向入手，以其在智能制造全链条的创新突破性应用为引领，梳理场景清单方向。再结合佛山高新区制造业数字化共性需求，设计形成有代表性、可对外开放的场景清单。

2021 年，佛山高新区形成首批智能制造应用场景年度清单，覆盖生产过程数智化、智慧物流、智慧营销、产品数智化创新四大核心制造环节，包括 23 个创新应用需求内容。例如，围绕工业智能检测新场景，高新区关注到，以思谋科技、阿丘科技、盈泰德科技等为代表的一批高融资、高成长科技企业正在积极布局，利用 OCR、3D 激光、图像智能识别、智能算法等技术，实现对原材料、半成品、产成品等缺陷的智能识别、归类与预警分析。因此，高新区重点推动工业智能检测在半导体、3C、电器、汽车等制造领域的落地应用，加速形成多行业的成熟技术方案并予以推广。在大规模个性化定制生产新场景，三维家、有屋科技等新物种企业正探索从设计软件出发，通过对制造系统、数控机床系统改造，提供集研发、制造于一体的工业软件云服务，实现智能化、模块化拆单和数字化柔性生产。高新区也将大规模个性化生产新模式作为未来定制家居领域创新应用的重要方向，以期更高质量、更低成本地满足用户直连、深度交互的市场消费需求。

（三）“小切口”吸引佛山制造业企业开放场景

佛山高新区创新应用场景方法论，以场景“小切口”解决企业数字化点状问题，提供一种便捷、灵活应用新技术的数字化新模式。针对场景清单中提出的 23 个“小切口”需求，高新区面向全国新物种企业征集优秀技术方案，邀请其与区内制造企业开展场景对接，促成合作。

例如，围绕 RPA 在企业跨系统数据调度的“小切口”应用，高新区邀请了来也科技、弘玑等新物种企业开展供需对接；重点响应区内企业面临不同系统及异构数据调度、汇集上的问题，提供基于低代码平台的便捷操作体验；实时同步企业资源计划系统、财务系统等不同平台数据，跨系统智能处理工单、订单、排产等重复性高、业务量大的工作。为开展轻量化 MES 云服务“小切口”应用，高新区邀请了黑湖网络、摩尔元数、迈艾木等新物种企业开展供需对接。基于微服务架构和定制化服务配置，满足区内家电、卫浴、门窗等制造企业对轻量化 MES 云服务应用需求。快速实现生产、质量、物料、设备等全流程可视化操作，增加企业生产柔性、缩短交付周期、提高产品良率。

（四）以多维度政策撬动制造业企业开放积极性

佛山高新区研究编制场景专项支持政策，进一步推动区内制造业企业场景开放，促进与全国新物种企业开展场景合作。建立场景需求库，以高端装备、智能家居、电子核心等重点产业领域为核心，定期面向高新区内企业征集典型应用场景，建立“佛山高新区新技术应用场景需求库”，并组织专业团队，为企业场景挖掘、建设等提供专业支撑服务。

对标杆项目予以支持。高新区研究制定智造标杆场景项目遴选标准，每年择优遴选不超过 10 个技术领先、示范性好、带动性强的应用场景项目，按照实际投入的 50% 比例给予最高额度不超过 100 万元的事后补助。

引入优质的科技企业。高新区支持区内重点产业园招引新技术企业，按照年度引入新技术企业数量，奖励最高不超过 1000 万元。对当年新落户的新技术企业，按其承诺收入的 10%，一次性给予最高不超过 1000 万元的落户奖励。

附录
王德禄论场景

场景，未来创新的驱动力（浦江论坛发言）

——在浦江创新论坛上的发言

2019 年 5 月 6 日，我在上海参加了浦江创新论坛——2019 科技创新智库国际研讨会。本届研讨会以“预见未来：2035 的科学、技术与创新”为主题，研判未来 15 年全球科技创新发展的大趋势及可能实现的重大突破，讨论技术创新对经济、社会和城市发展的影响及其对策。我在会上做了“场景，未来创新的驱动力”的发言，主要讲了 3 点：第一，场景是新经济创新发动机；第二，中国引领世界的未来场景；第三，创新场景引领新经济的建议。

（一）场景是新经济创新发动机

最近五六年我们一直强调全球已经进入新经济阶段，主要有两个表现，一是数据成为重要的生产资料，成为企业竞争的要素；二是企业成长路线由“小微企业—中小企业—规上企业—大型企业”的线性成长，转变为“创业企业—瞪羚企业—独角兽企业—龙头企业”爆发式成长。为什么出现这个变化？主要是因为信息已成为资源，网络使企业的边际成本为零，从而使企业爆发式成长。

说到新经济，我认为有 3 个关键要素：第一，新经济需要未来研究；第二，新经济需要新研发；第三，新经济需要场景引领。

第一，新经济需要未来研究。未来的发展不是靠过去的经验引领的发展，而是由对未来的愿景引领。应对这种变化，要开展未来研究，重点做 3 件事：第一是提高洞见力，第二是引领前沿创新，第三是引领科技战略。中国的学习能力很强，改革开放 40 年来，一直在学习美国和欧洲，但对未来的研究和预测还不够。

中国开展未来技术预测和中长期科技规划，要从以下 3 个方面着手。

第一，要在技术预测中增加独角兽企业场景调研。现在场景创新的主力是独角兽企业，不是靠政府，也不是靠科研机构。独角兽企业他们所做的场景是改变世界的场景，我建议对中国的 200 多家独角兽企业和国外的 200 多家独角兽企业进行逐一调研，调研现在已经成功的场景、正在做的场景、未来 15 年计划做的场景，以及他们在场景创新中对制度、科技、人才的要求。第二，科技中长期规划的每个专项都增加未来研究。没有未来研究，针对现在说的再准也是不够的。第三，基于这次中长期规划，在中国培育 10 家未来研究机构。要培养中国的未来研究人才，做出中国的未来预测。同时，也希望各国的未来预测专家能够到中国这个舞台做更多的科技预测，协同推进中国走向未来。

第二，新经济需要新研发。新研发推进前沿科技研发与商业化并重，关系到战略性新兴产业的培育发展路径。各地区对研发很重视，但是现在的研发已经不是过去由科研机构主导的研发了，而是由科学家、企业家、投资人多主体联合参与的新研发，实现的是对未来的把控。目前，各地区在做科学城、科技创新布局时，一定要将企业家、投资人和硬科技创业紧密结合起来。

第三，新经济需要场景引领。场景是新技术落地应用的创新实验室，也是新技术产业生态的聚合器，还是成就高技术独角兽企业的重要利器。现在大家对场景有很多错误的观点，我理解的场景，主要有 3 个方面：①场景不是技术的应用示范，而是实现爆发式成长的“引爆点”。现在独角兽企业大量涌现，就是因为它做成了改变世界的场景。②场景不是挖掘需求，而是通过洞见创造未来，是由创业者针对解决问题的创意实践，创造出了大规模新需求。③场景不是由 500 强企业、科学家主导的，而是由创业者和独角兽企业主导的。

（二）中国引领世界的未来场景

中国目前已经有若干个场景，在世界上产生很大影响，包括无人支付、共享出行、在线直播、智能安防、新媒体等。同时，中国还在创造未来可能引领世界的场景，包括城市大脑、无人驾驶、新零售、智能教育、智能诊疗等。可以说，中国现在有 200 多家独角兽企业，他们每天琢磨的都是如何创造新场景。

人类社会发展始终有个大趋势，就是追求幸福生活、探索长寿、改变世界，以及让人类变身成为“超人”，我们一直在追随这个趋势。近十年，可以说出现了两大终端，全面提升了人的能力。第一个终端是手机，手机赋予人“千里眼”“顺风耳”，提供数据大脑，帮人计算和存储。现在人的IQ最高是200，在手机的帮助下，2035 年可能到 500，2050 年可能到 10 000，IQ 到了 10 000 的时候人就成了“神人”。第二个终端是汽车，汽车现在做的是无人驾驶，会自己跑，能飞，还能成为机器人。上海是汽车产业很发达的城市，上海在手机这轮浪潮中不如深圳、中关村，但在汽车这个第二大终端发展浪潮中，应该有所创新。我希望上海借助汽车这个终端，让人能够摆脱身体的束缚、能够有四个轮子、八个手臂，能上天入地，跨越空间变为“超人”。

（三）创新场景引领新经济的建议

第一，要聚焦独角兽企业，挖掘新经济场景与政策需求。独角兽企业是引领新经济创新最重要的主体，它们现在到全国各地去落地，无非就是找两样东西。第一是场景，要求各地政府开放当地的资源和空间，为独角兽企业的新技术和产品创造测试和应用提供空间；第二是新经济的政策，独角兽企业发展需要的不再是传统的土地、钱、房子，而是要求政府以新经济的视角，给予场景和弹性政策的支持。

第二，要设立场景实验室，推进场景持续挖掘与创新。前面说发展新经济要面向未来，要新研发，这是引领未来技术创新的原动力。场景是加速技术成熟、产品应用的主要手段。这时，我们就需要建设场景实验室，来挖掘生活、生产中的一些新的需求和应用空间，创造新的场景，实现新技术供给与需求的对接，通过技术验证、商业模式优化、资源链接等途径，加快新技术、新产品的商业化应用，才能培育出新经济。

第三，要加强新经济制度供给，重视场景对伦理提出的挑战。当年工业经济时期，英国起了主导作用，原因就是建立了工厂制度，发明了有限责任公司，建立了工业经济的制度。新经济时代，独角兽企业需要政府建立新的制度，这个制度与过去制度有很大不同，它突出创业，强调信用约束，重视以人为本，聚焦产业生态。在制度供给之外，人工智能等新技术带来的场景对伦理提出了很大的挑战，也需要有强大的伦理应对策略。建议建立预测和预警机制，出台解决方案，设立伦理问题办公室。现在北京、上海、粤港澳大湾区等都把场景创新当作主要任务，这就需要中国更加重视在伦理上的预警。

第四，建设智能城市，打造场景落地应用的新载体。面向未来 15 年，重点是要变，出现新事物。这时候不是让传统企业干，也不是让事业单位干，而应该让具有洞见力、颠覆式创新能力的创业者干。中国未来研究很差，但是出了很多独角兽企业，就是因为中国有三玄，即周文王的《易经》、老子的《道德经》、庄子的《南华经》(即《庄子》)。中国的三玄使得中国人的潜意识非常强，它看起来比较虚，但实际是对直觉和洞见力的发掘。中国还出了很多的新场景，尚未在全球引爆，希望上海能成为引爆全球场景创新的地方。

场景、赛道与科技创新

——在科技部中信所学术沙龙上的发言

2019年7月17日下午，我受邀到科技部中信所参加了“战略大家谈”学术沙龙，并做了“场景、赛道与科技创新”演讲，王奋宇、黄波等随行，科技部战略规划司、中信所、战略院等部门相关人员参加了会议。我在会上主要讲了4个方面：①未来超级场景是引领科技创新的航标；②紧盯10大新经济创业赛道实现爆发式成长；③场景、赛道是科技体制创新的新议题；④建议将场景方法论融入中长期规划。

对科技工作来说，场景和赛道是最近5～10年出现的新词，我今天主要讲讲场景、赛道和创新的关系。在新经济时代，几乎所有事情的逻辑都变了，一切皆有可能，对未来发展方向的把握成为研究工作的核心和关键。

最近，李克强总理说我们要催生更多的“独角兽企业”“瞪羚企业”。对于科技工作来说，我们已经不再囿于传统经济的创新体系，而应打造新经济的创新体系。在新经济创新体系中，有两个词很重要：场景、赛道。

场景就是改变世界的新技术的新用法，是独角兽企业追求的核心领域。以前说流量为王、数据为王，最近有了新的说法，就是场景为王，场景就是引爆点。场景把创新相关的要素，人才、资本、技术、政策都集聚在一起，产生聚变，由此产生改变世界的颠覆式创新。

赛道是什么意思呢？赛道就是创新的最新领域，是企业家、投资人都看好的未来具有爆发潜力的领域，大家一起努力地在这个领域里面搞创新。现在投资人、创业者都在寻找最有价值的赛道。

（一）未来场景创新是引领科技创新的航标

在新经济的发展过程中，中国抓住了社交化、“互联网+”和数据智能这3个重大机遇。

为什么说中国现在有底气和美国竞争，就是因为我们过去二三十年走对了，尤其最近的10年。前些年出台的“互联网+”政策，使得中国在商业模式变革以及很多产业变革都取得了很大的成果。从“互联网+”到现在的人工智能，这是一个历史发展的必然逻辑，也是一个新的机遇、新的阶段。现在各个地区、各个创业者、投资商都在追场景。

现在中国已经出现了一大批场景，这些场景既实现了爆发，也面临极大的挑战。我说几个很典型的：移动支付、共享出行、智能安防、新媒体、在线直播。

第一，移动支付。可以说，中国的移动支付在全球绝对领先。现在的移动支付方式正在不断拓展深化，坐飞机、乘公交可以不用票了，看电影也不用拿票了，诸如此类的场景会越来越多。最近有一个很有趣的现象，有些移动支付的企业在中国的激烈竞争中发展不下去了，就去了欧洲或是东盟，却快速发展起来。但是中国的场景在境外发展还是有一些壁垒，很多地方仍是以现金支付为主，很少见到移动支付。目前正在制定的中长期规划和上一次中长期规划完全不同，上一次是规划如何把国外的技术拿到中国来，这一次则是要规划如何在无人之境做原创，以及怎么把中国出现的改变世界的场景推向世界。

第二，共享出行。现在人们经常议论网约车有什么样的问题和不足。我认为这是个新事物，做科技工作的人，对新事物应该有新的思维和眼光。比如说电商，某政策出台后，某平台的电商少了一半；再比如说游戏，本来中国游戏全世界第一，一出政策，成了世界第五。我们认为现在缺的是想象力，缺乏的是适应新经济发展的新制度，而不是一味地批评、打压。中国之所以在场景创新上走在前面，当然有来自政府的鼓励，但在某些领域一旦做出成绩，政府往往使用陈旧的思维、原有的规则、制度进行监管，结果把活生生的新事物打压了。

第三，智能安防。这是目前在全球引起争议最多的场景之一。现在中国的人工智能企业的场景突破点大量出现在安防领域。同时，国外则在安防领域对中国打压，很多搞智能安防的公司已经和华为一样被美国列入打压名单。问题的根源在于能不能搞人脸识别，识别后能否公布？确实会出现类似“我的脸是我的，不应在你的平台上被识别”的言论。现在中国是认为可以识别，尤其是公共服务等领域。对于人脸识别，欧洲、美国、中国是三种不同的立场。欧洲立场最严，美国有限度开放，中国基本上是全面开放。这个场景是最值得研究的，我们应该从伦理和法律上研究。如果中国能够出一套标准，比欧洲、美国都更科学、更理性，那么会对人工智能的发展有很大意义。

第四，新媒体。这是一个有点争议的话题。在世界眼中，中国是个不大开放的国家，但为什么新媒体在中国这么活跃？比如今日头条，已经是超级独角兽企业，估值 200 多亿元，而且今日头条下面涌现的新业态非常多。

第五，在线直播。这与中国人手一部智能手机有关，无论人们每天用手机做什么，都会留存大量的数据在不同的平台上。视频直播从一开始只是娱乐功能，到现在发展到教育、购物等领域。有个词叫“know-how”，是指干一个活儿的技巧和诀窍，直播能把最难的技巧直观地推到人们眼前，而且还容易传播。短视频也是最近最热门的场景之一。通过短视频你会突然发现我们的世界从原来的长篇大论可以变成不到一百字，从原来的 2 小时视频变成几秒或几十秒钟推到你眼前。这个世界没有碎片化就没有平台，有了平台就能把碎片化的东西都编织到一起。

现在我们正在进入人工智能时代，场景的作用更大。人工智能领域最具有突破感的是独角兽企业，独角兽企业的作用越来越大，大到很多国家和地方都希望找一个人工智能企业来创造新场景引领经济发展。人工智能正在向多领域渗透，把人工智能当作一个核心来抓是非常对的。

场景一定不再是基于原有的价值体系，而是新的体系。如果给场景分类的话，第一类吃喝玩乐，第二类生老病死，第三类价值实现。第一类吃喝玩乐包括互联的家、娱乐体验、新零售、智慧出行等。第二类生老病死包括医疗、个性化教育、云康养等。第三类价值实现包括智慧工厂、AI 赋能的专业领域和产业大脑。某种意义上，产业要有大脑，创新要有大脑，区域也要有大脑，人工智能的核心是要做大脑。

面向未来，就是要鼓励创业者想象和创新场景。场景创新、发展新经济的最终目的就是要实现人类追求幸福生活，追求“长生不老”、追求超越自身能力的目标。

（二）紧盯八大新经济创业赛道实现爆发式成长

前面我通过案例讲了场景的价值，接下来讲讲赛道。首先，赛道是创业者探索的新领域；其次，赛道是投资商投资的新领域；最后，赛道是独角兽企业诞生的地方。赛道的出现一部分原因是来自人工智能的发展，人工智能把原来不搭界的领域整合到了一起。

第一是 APP 流量引爆。很多独角兽企业做 APP 只要能排列到苹果商店的前十位，或小米的前十位，流量就会大幅增加。最近我见了几位很年轻的做 APP 的创业者，在上海创业周遇见一位，做了一款图片处理的 APP，第一轮融资就获得 1000 万美元。中关村、上海、深圳和杭州这些地方都出现了一批世界一流的独角兽企业，而且出现了一个新的趋势：投资商开始进行联合创业。这是新经济的最新现象，APP 流量引爆是很多年轻人擅于干的。

第二是产业互联网新连锁。我们从 80 年代开始做连锁经营，但现在出现了新情况，近五年开始使用大数据、云计算、人工智能为连锁赋能。举个例子，如汇通达，估值 200 亿元，以“B2B”“B2C”的模式，连接乡村夫妻店，打造农村生态的网络平台，打通供应链、物流、金融等各个环节，现在这个系统中有上万家夫妻店在用人工智能赋能，任何一个商品进入他的销售体系，销售额就能增长 10 倍。还有，瑞幸咖啡是一个典型的通过人工智能大数据发展的联合企业。利用大数据赋能，比国外所有的咖啡店都发展得更快。赛道越新，联合创业的动力越大。

第三是人工智能垂直应用。人工智能最核心的就是人工智能技术的垂直应用，在若干领域都进展非常快。以医疗为例，运用人工智能，诊断、治疗等都能减少大量成本，大大提高医疗效率和质量。过去是以资质为核心的管理体系，以后要变成以信用为核心的管理体系。这个产业能够让大量中国人多活 10 岁，这个方面我们应该向美国学习。

第四是基于 IP 的文创新体验。文创的核心是 IP。最近很火的故宫就是重新发掘传统 IP 的价值，让年轻人爱上传统文化。不仅如此，故宫更是与许多新经济企业联合创新，推出了“故宫 IP+手账”“故宫 IP+口红”等跨界的产品，取得很大成功。

第五是人力资源互联网赋能。科技创新中人力资源很重要。现在的人会用手机，但还不会用云。通过互联网赋能，可以帮助更多人就业。

第六是流程文档 AI 自动化。随着人工智能技术发展，最近出现了一款新软件，叫“PRA”，也叫流程文档 AI 自动化，机器经过学习后，可以模拟人工进行电脑操作，例如从 Excel 中把数字复制出来，填写到财务软件中。这类软件发展很快，因为机器能够全面承担许多重复性的电脑操作，大大降低了人工成本。AI 智能化技术取代人类劳动才刚刚开始，将来会越来越多。

第七是大数据行业新应用。上海举办了一次开放数据创业大赛，智慧城市数据开放得了第一名。也就是说上海科技创新大赛第一名就可以使用人工智能相关数据。通过数据开放开展创业的第一是硅谷，第二是中关村，第三是上海。中国数据开放进展较慢，如果进一步开放，对中国的科技创新会起到很大的作用。

第八是大企业场景孵化。主要是把场景交给创业者，比如最著名的例子是海尔，还有一个是平安公司，平安公司出现了 4 个独角兽企业，尤其是它的陆金所估值已经超过了 394 亿元。大企业通过开放数据支持创业的方法就会出现场景孵化。

（三）赛道、场景是科技体制创新的新议题

新经济最大的变化就是数据和知识成为资源、生产要素。当数据成为资源，边际成本几乎为零，这是爆发式成长的基础。现在出现这么多爆发成长企业的根本原因，就是源于人工智能和数据成为资源。如果用科技语言表达，科技进入了无人之境。进入无人之境，就意味着要研究未来，要解决想象力的问题。现在我们的部分企业家还是在原来的套路上模仿别人，我们的研究重点往往也是研究美国在干什么、英国在干什么，这是不够的。我认为应该加强未来研究，把未来研究的学科和队伍建立起来，尤其是要重视人工智能。未来研究有什么用？就是能够对未来更有洞见力，能够看得更远，抓住改变世界的赛道和场景。

中国在新经济的科技创新领域有两个领先优势，一个是场景，另一个是赛道。

场景就是引爆点。场景有点像过去我们说的成果转化，以前我们的成果转化都是先把技术搞出来，再考虑科研成果产业化的问题，问题不少。在新经济体系中，要用全新的逻辑来做，也就是场景思维，把原来成果转化的路径倒过来，先找到新技术的应用点，有了一个好的创意，再去找资源，再去做技术研发。中国的一个大优势就是场景丰富，人多、数据多，每一个好的场景都是引爆点，场景落地可以加速技术的研发，可以倒逼出来“有用”的技术。所以这个意义上说，场景是技术创新的新范式。

赛道就是大的创新方向，相当于以前一直在做预研和技术选择。我们现在要用新的方法来做技术选择，也就是赛道的思路。选择赛道是发现原始创新在社会经济发展中有爆发可能的领域，光靠科学家不够，一定要有社会投资人等社会经济力量参与，尊重市场的判断力。美国的技术选择也是让企业与社会充分参与的，以前我们的技术选择是科技部门、科学家主导，社会力量参与不足，要让科学家、创业者、投资人都参与。

场景和赛道是对科技体制创新提出的新问题、新视角、新方法，这次的中长期应该加强关注。中国要成为科技强国，应该改变想法和打法。

场景和赛道是中国取得领先位置最接近的领域，中国出现的改变世界的场景最多，超过美国；关于赛道中国说的最热闹，各界广泛关注。所以，应该把场景和赛道作为科技强国的重要抓手，要在世界上形成引领性。

（四）建议将场景方法论融入中长期规划

第一，我希望AI未来场景实验应该在各个高新区开展，中国的几代创业者都是在高新区出现的，所以各个高新区应该成立符合本地发展特点和要求的场景实验室。比如北京中关村可以做产业大脑实验室，西安做机器人实验室等，各个地方要各有特色。

第二，人工智能的发展说到根本上，可以让产业创新成为比企业创新更重要的创新，人工智能使场景、赛道成为中心。有的科技园区现在开始打造世界级的产业集群，企业家、投资人、科学家、创业者都联合在做产业共同体，产业组织方式需要重组和全新变革，一个产业越新奇越要有产业基金和产业大脑。什么是世界级产业集群？就是能够把控全球产业动态，包括价格、产业的创业情况、产业出现的新业态等与产业发展相关的所有东西。在产业大脑方面，建议科技部率先部署一些项目。

第三，建议要加强新经济制度创新。目前，各个领域做新经济、人工智能都要求新经济制度创新，传统的制度是许可模式，政府允许做什么企业才可以做什么，而新经济制度的核心是信用，先放手让企业创新，如果信用不好了可以停止。

第四，以人为本，提前研究人工智能的伦理和法律问题。人工智能的出现向社会的伦理和法律规范提出了挑战，对人工智能技术不应放任不管。比如大家都在讨论的自动驾驶，如果自动驾驶的车辆遇到突发意外，机器算法应该遵循何种原则趋利避害，以及谁来承担事故的责任？将来人工智能渗透到社会生产生活的方方面面之后，伦理和法律问题将会更加突出，在这方面，科技部应加强研究，为业界的创新提供指引。

今天讲了这么多，核心想表达的思路就是，场景是新经济的驱动力，是新经济范式的起点。我国已经在支付、智能安防等领域实现了引领。现在发展人工智能，应该继续坚持场景驱动的思路。场景资源是中国发展人工智能最重要的优势之一，在人工智能的发展过程中，不仅需要资金的支持，更需要场景创新和新经济制度创新的支持，希望科技部能够在场景创新和制度创新中发挥重要的作用。

北京应打造成为全世界的场景创新中心

——在北京市应用场景建设思路研讨会上的发言

2020年6月5日上午，在长城所召开了北京市应用场景建设思路研讨会。会议由北京市科委组织，邀请了北京市科委党组成员、副主任刘晖、高新技术与成果转化处处长施辉阳、发展规划与政策法规处处长董齐超、科技服务业与文化科技处处长郭澜涛、高新技术与成果转化处主管工程师刘刚等科委领导，中关村企业家顾问委员会副秘书长刘进，以及小米集团、百度、快手、千方科技、数梦工厂、未来黑科技、声智科技、AIPARK（爱泊车）、石器、新石器等企业代表参加。长城所王德禄所长、高级顾问赵慕兰和杨跃承、王奋宇副总经理、黄波副总经理等出席会议。我在会上做了“北京应打造成为全世界的场景创新中心”发言，讲了3个方面：第一，场景和赛道成为科技创新的打法；第二，为什么会出现新场景；第三，北京如何做场景创新。

（一）场景和赛道成为科技创新的打法

现在中国经济发展到了一个新阶段，所有的科技创新都变了，场景创新和新赛道成为科技创新的主要打法，所以说场景创新就是科技创新。和过去科技示范项目不一样的是，现在好的场景一旦落地，就一定会产生爆发，一定会改变世界，一定会出现独角兽企业。北京成为最近十几年来全世界场景创新最多的城市，每年出现80多家独角兽企业。这些独角兽企业做的事情就是场景创新。

北京市政府要做场景创新和企业家做场景创新不是一码事，政府发布场景清单和重大任务，只是表明政府有新经济的观念和思想。在这方面，北京市政府的做法是相当超前的。政府发布清单，企业找落地是城市发展新经济的未来方法。现在许多城市政府都在发布清单，有北京的清单，还有成都、深圳、上海、重庆，新经济企业需要研究不同城市发布的场景清单，看企业自身跟这些清单的某个场景是不是有一定的吻合性。不管哪个城市，要发布场景清单，第一时间要看有没有成为企业落地的场景，有没有改变世界的场景。改变世界的场景必须是原创，必须有创意，而不是政府对现有的技术采购。

（二）为什么会出现新场景

为什么会出现新场景？第一个原因，互联网、大数据、云计算、人工智能在中国已经有了一定的基础，中国的优势越来越明显，这就是人多数据量大；第二个原因，新冠疫情暴发之前长城所发布了改变世界的十大场景，都是以“无人”为代表。我最近写了一篇文章，中国的抗疫经验怎么总结？中国的抗疫主要是数字抗疫，包括电商、支付、社交、物流四大主赛道。因为这些赛道，中国在疫情期间生活基本没有受到疫情影响。因为疫情，场景从无人主赛道发展到非接触，无人场景是硅谷领先，在中国高新区放大。而非接触场景是中国原创，尤其是武汉原创。在非接触场景中，一定会涌现出更多千亿级的新赛道，比如云办公、直播带货。在新赛道中涌现出来的明星企业，往往就是独角兽企业，或者很快就能爆发成长为独角兽企业。

（三）北京如何做场景创新

北京是全球新经济企业最多的城市，也是企业场景创新最活跃的城市，北京的企业是在全国甚至全球寻找场景落地爆发成长的机会。北京应该将这种优势应用到北京这个特大城市的发展管理中。北京市最近两年也下大力气做出了场景创新的政策安排，比如提出场景创新的十大任务，并率先在冬奥会筹备、通州副中心的建设中大力推进场景创新，发布场景清单。但是通过长城所在实地调研中发现，政府发布清单的积极性，并没有得到企业和市场的有效响应。当前政府发布的场景清单与企业新技术的落地之间的衔接，也迫切需要一批懂场景、会创意谋划、有企业资源链接及服务能力的“场景促进机构”来承担。具体现实工作中，这种懂场景、会谋划、有能力的场景促进机构，一类产生于平台型大企业，如阿里、腾讯、百度等；另一类就是对场景及其新赛道中的优质企业资源有把控能力的第三方专业机构（场景促进中心）。政府要借助平台型企业和场景促进中心的专业能力，实现已发布场景的落地实施。在北京，中关村拥有大量优质专业资源，也拥有具备场景设计、落地能力的大企业和专业机构，因此更应下大力度打造全球场景创新中心。中关村更应关注改变世界的场景创新，以新场景成为驱动中关村发展的新动能。

场景是国家科技竞争的焦点

——在“场景驱动的创新模式研究”远程汇报会上的发言

2021 年 2 月 26 日上午，长城所召开了科技部“场景驱动的创新模式研究”远程汇报会，会议采用远程汇报模式，科技部张旭司长、吴家喜处长等领导听取了汇报。我在会上做了“场景是国家科技竞争的焦点”的发言，主要提到 3 点：第一，场景的核心要义是“创意+爆发+新治理”；第二，场景创新的主体是新物种企业；第三，未来场景计划是下一个国家级科技竞争焦点。

（一）场景的核心要义是“创意+爆发+新治理”

我认为，一方面，场景不是需求，场景核心是创意，是改变世界，出其不意的创意才能将新技术发展出新应用。过去围绕需求的研发是以线性的，而现在为什么出现这么多新物种企业，是因为把新技术应用在了全新创意上，场景不仅仅是需求的满足，还是创意和技术的结合。另一方面，场景的目标是要爆发，如果做不到爆发，那么就不值得投资企业和创业者。再者，新经济时代就是创意和新治理为主导，场景在这样的生态下发展起来也非常需要新治理，这点在我们工作中感触非常深，昨天我们与爱泊车交流，爱泊车已经发展了 5 年，因为疫情的原因实现了爆发，现在需要实现新治理，所以场景的核心要义是“创意+爆发+新治理”。

疫后全面加速场景创新。新冠疫情带来千年之变，场景已经提出了近 5 年，4 年前和今年的场景有什么不同？其核心就是疫后中国全面进入场景创新阶段，从无人到非接触，无现金支付，都是改变世界的场景，中国的科技发展优势，就是场景创新。从全球来看，只有中国能实现去现金支付，中国人多、产业多、变革多，场景创新处在全球领先位置。

（二）场景创新的主体是新物种企业

场景驱动的创新是数字时代兴起的一种重要的科技创新范式，不同于传统先研发后转化的线性科技创新方式，场景创新是面向真实的技术商业需求，通过市场规则加速技术和商业同步爆发。场景创新是对未来的洞见，也是科技创新的航标，改变世界的场景在催生高成长新物种的同时，将加速前沿技术的突破。场景创新的主体不是政府、科研院所，而是新物种企业，这些科技企业带着技术，在不断开发新场景，通过场景的落地实现商业化好和估值的爆发，倒逼技术的突破。我们看到发展变化非常快的智能交通、自动驾驶、刷脸识别等，都是这些独角兽企业、科技企业创造出来的新场景，也通过场景落地实现了引领全球的爆发式成长。

场景创新是符合中国产业优势、数据优势、市场优势的新范式，能够带动国家科技力量、生活水平的全面提升，在新时期科技创新战略中应该加强对场景创新范式的重视和应用。

（三）未来场景计划是下一个国家级科技竞争焦点

我们和很多创新企业接触过，这些企业都有全国引领乃至全球引领的新场景，中国有一大批企业都有能力和愿望去设计改变世界的场景，比如昨天和爱泊车交流，他们提出要设计 4 个领先全球的场景。那未来是否可能由若干个企业一起在交通、汽车、污水处理等领域设计 10 ~ 20 个改变世界的场景？中国现在比美国强的方面在于有拼多多、快手、水滴筹、趣头条等四大下沉王，这些企业现在做的事情还是市场里的事，下一步我们计划与快手合作，探索三下乡的新实践，通过企业让每个人生活得更好，这个场景的核心是解决未来社会、生活、产业等的问题，目的是创造一个全新的世界。

第二次世界大战以后，美国的曼哈顿计划、星球大战，中国的“两弹一星”科技战略关注的焦点都聚焦于太空争霸、军备竞赛等领域。70 年代以后，国家间的科技竞争将越来越与数字化、人民生活美好、城市发展美好密切相关。美国的信息高速公路把人类带入了信息时代，而中国的场景是能够改变世界的、有可能成为媲美“两弹一星”的国家科技战略，场景创新是有助于中国提升国际影响力、增强科技竞争实力的重要战略，未来场景是国家科技竞争的焦点，我建议制定国家“未来场景计划”，围绕场景创新组织重大科技攻关。

场景四大核心要义：创意、小切口、爆发、新治理

——在“场景驱动创新·塑造数字经济全面发展优势”直播课上的发言

2021 年 4 月 2 日晚上，我在 GEI 新经济五日谈“场景驱动创新·塑造数字经济全面发展优势”系列直播课上做了“场景四大核心要义：创意、小切口、爆发、新治理”的培训，主要包括 3 个部分：①场景创新的意义；②场景核心要义：创意、小切口、爆发、新治理；③如何实现场景爆发。

（一）场景的价值

《2021 年政府工作报告》提出，今年经济增速预期目标设定为 6% 以上。然而有机构预计 2021 年一季度经济增长率大概率会超过 15%，对一季度 15% 的增长，很多经济学家不知道怎么解释。我为什么觉得很当然，因为疫后新物种大量涌现，新物种企业是成倍增长的。我们长城所去年增长 40%，今年提出来翻番。最近成都在搞新经济活力区，去年成都增长 8%，但活力区增长 30%。

今年是“十四五”开局之年，也是疫后千年之变的第一年。疫情期间我们在认真深入研究疫情带来的新规律、新认知。人类在疫情之后进入新经济时代，其特点是新跨界、新赛道、新物种。总结来看，疫后出现了 4 个趋势：一是数据驱动企业出现新物种，二是数字驱动产业出现新赛道，三是数字驱动科技出现新场景，四是数字驱动治理出现新治理。在新经济中，场景创新是起点。改变世界的场景，来自创业者的创意，如果成功引爆，企业会成为新物种，产业会形成新赛道，在这个过程中新经济发展与传统管理矛盾凸显，走向新治理。

在场景创新中，创业者成为科技创新的主力军。长城所 5 年之前总结中国的创业经验，主要有 3 个阶段：改革开放前，科研院所、大学高校、实验室是科技创新的主体；改革开放后，企业是创新的主体；新经济时代，创业者成为科技创新的主力军。新经济时代，场景创新已成为科技创新的新范式，原来的创新是先研发后转化，现在场景创新是真实需求引发的技术创新，技术应用的创意是起点；新物种企业是主体；真实环境是实验室；微生态是加速机制；实现技术突破与商业价值实现双同步。

当前场景创新最活跃的是新物种企业，我们对新物种企业的场景做了系统研究，提出了新经济场景体系“5D-8T”，D是指新经济企业创造新的美好生产生活方式的方向，T是新经济企业用于改变世界的新技术和新模式。我们发现，424家新物种企业运用8大技术群、40个细分技术，在5大应用方向、39个细分应用领域，创造出304个应用场景。这个场景体系，预计今年5月在合肥发布，将成为全球第一个新经济场景体系报告。

（二）场景的核心要义是“创意+小切口+爆发+新治理”

过去科技企业竞争的是流量和入口，现在场景创新成为科技竞争的焦点。场景创新不是技术应用示范，而是爆发式成长的引爆点；不是挖掘需求，而是通过小切口，解决大问题，通过洞见创造未来；不是由500强、科学家主导，而是创业者、独角兽企业主导。总结来说，场景的核心要义是“创意+小切口+爆发+新治理”。

第一，场景不是需求研发，而是改变世界的创意，是创意和技术的结合。如新石器、快手都是创意应用于新技术的典范，快手是四大下沉王之首，直接将新技术创意下沉到农村，上市即成为万亿级企业。

第二，场景不是“摊煎饼式创新”，而是从“小切口”入手解决大问题。现在的研发已经不是解决生产制造过程或产品问题，而是从细节入手解决社会生活方方面面的问题和体验。所以，场景创新一定是从一个非常具体的小切口出发，做好场景就实现爆发。大企业做创新涉及的方面太多，只有新经济企业聚焦改变世界的小切口。因此，场景创新的主体一定是新经济企业。

第三，场景不是技术应用示范，而是必须要实现商业和技术同步快速爆发式成长。爆发的场景越来越多，我们也越来越体会到场景带来的新机会。如涂鸦成为千亿级企业，是因为会做平台会做场景会做爆发。能链聚焦职业司机低价加油场景，由创业者变成中国第五桶油，其最大的特点是，将新经济与传统经济体系耦合，实现跨界爆发。

第四，需要通过新治理建立符合场景创新特征和规律的新规则。场景一定是跨界的，意味着过去的管理体制对其创新会产生一定的阻滞作用，新治理就是改变规则，使新物种更快发展。一个新赛道出现爆发成长，新物种越来越多，对新治理的需求就越来越强，我们长城所也成立了新治理中心。新治理有3个词，新经济发育不成熟，发展不规范，政府管理不到位。我认为，这不是新经济的缺点，恰恰是新经济的发展阶段。新经济要成熟，疫情之后还要有上百年、上千年。

（三）如何实现场景爆发

对企业、地方政府、国家来讲，如何通过场景实现爆发式成长、加速当地新经济发展、提升国家科技竞争力，我认为应该从以下几个方面着手。

企业层面，用好场景爆发模型，发掘高价值场景。一是大企业培育新物种，大企业里面的创业者出来找高价值的场景，如海尔把自己的业务分隔，出现很多高价值企业。二是科技企业找到高价值场景，如医渡云在疫情中成为各地政府的医疗平台，找到场景实现爆发。我们的新物种会员服务的核心，就是场景的培育，帮助企业找高价值场景，搞新物种的会员管理，使其快速成长为新物种企业。

行业层面，鼓励行业龙头企业、国企，开放产业场景资源。行业龙头企业、国企等在数字化转型探索中会为新技术的应用提供大量的场景机会。如青岛开展的大企业平台化探索，大企业开放场景资源，和科技企业开发场景创新。我建议传统产业集聚的区域都要做大企业平台化，意思是鼓励传统龙头企业开放场景，引爆新物种企业。

城市层面，建议每个城市都至少建立 1 个场景创新促进中心，开放场景资源。我们场景创新促进中心可以提供“5 个 1”场景服务：每年“1”份场景清单、“1”个场景支持政策、“1”场场景发布大会、“1”个场景创新年度白皮书、“1”系列企业场景打磨服务。同时，通过组织政企场景资源对接会，使场景清单成为招商引资的抓手，建立从清单到发布到实施到总结的场景工作体系。例如，成都机会清单发了很多，但和外地新物种企业对接不够，场景创新应该是发布—对接—落地—发布—对接—落地的一种循环。

国家层面，建议国家启动国家未来场景计划，谋划超级场景项目，以场景促进科技创新。近代以来全球科技竞争主题发生了 3 次转变，现在场景创新成为新的国家竞争焦点。我们建议在城市无人交通、超大城市治理、卫星互联网、虚拟空间的真实体验、基于真实世界的医药创新等重点领域谋划 20 个改变世界的国家级场景创新项目，作为未来的场景计划。

打造东北场景第一城，全面拥抱新经济

——在沈阳城市机会场景清单发布会上的主旨演讲

2021 年 4 月 22 日下午，我和王志辉、曹善平、莫祯贞等人一起到沈阳参加沈阳城市机会场景大会系列活动。沈阳能在全国举办第一个同时进行场景清单发布和针对清单项目企业揭榜的大会，这让我感到很惊喜。在当晚的政企对接会上，我与王新伟市长、李松林副市长等领导就沈阳未来发展进行了交流，我认为这次大会对于沈阳未来新经济发展是一次千载难逢的机会。当天晚上，我与长城所的同事又开展了一次深入的论证研讨，围绕“打造东北新场景第一城 全面拥抱新经济”又产生了诸多想法。4 月 23 日早上，我接受了记者的采访，表达了对沈阳发展新经济的一些想法和思路。在 4 月 23 日上午的大会现场，我主要讲了 3 点：①新场景是沈阳引培新物种、发展新经济的关键手段；②场景的核心是创意、小切口、爆发、新治理；③我对沈阳打造东北新场景第一城的建议。

（一）新场景是沈阳引培新物种、发展新经济的关键手段

新经济开展后各地都在搞场景、搞新物种、新赛道、新治理，这一切新的事物都从场景开始，沈阳应该是全国第一个在城市召开这么隆重的场景清单发布会的城市，今天省里的领导都来了，我感到很激动，我今天讲的这个题目是“打造东北场景第一城，全面拥抱新经济”。我讲 3 件事，第一，新场景是引培新经济物种、发展新经济的关键，第二，场景就是要有创意、小切口、爆发、新治理。第三，在东北振兴之际，到东北来发布场景清单是一个很好的机会。今年有 4 个城市准备全面系统地筹备发布场景清单，没有想到第一个会在沈阳落地，这是振兴东北的一招，是特别有力的武器。搞场景清单发布的核心是发展新经济。新经济和旧经济有什么区别？今年第一季度出了一个数据，创业在各地都呈现爆发式增长，在全国平均数是 20%，在很多地方是 30%、50%的增长，就是因为疫情过后数字经济成为新的增长动能。年后有两家公司上市，很引人注目，一个是快手，一上市市值就达到了 1.6 亿元，让北京大吃一惊，百度、京东等公司都比它小；涂鸦一上市市值就达 4 亿元，一个创业公司怎么就到了一千个亿元、一万个亿元？这就是新经济、数字驱动的爆发成长，这就是新动能。爆发成长从场景开始，所以今天沈阳开这个会，

沈阳就做了领跑者。沈阳在去年新经济排名是第 27，经济排名是第 33，这代表沈阳是新经济走在经济发展前头，从这个角度看沈阳很有希望、大有希望。市长也讲了“新经济不怕晚”，创业三五年，百亿企业就会很多，我们发展新经济目的就是这个，创业实现爆发增长，但这一切从场景开始。

沈阳新经济企业确实不多，现在有两个潜在独角兽企业，独角兽企业没有，哪吒企业也没有。哪吒企业是创业期就获投资一亿元人民币的企业，我们去年发布的哪吒企业报告中，有一家企业 T3 出行在创业期间拿到了一百亿元的投资，这可以说是投资家虽然很谨慎，但是要投就投大的，不投小的。我们东北人有很天然的优势，就是会讲故事，能有一百亿元的投资，就是故事讲得好！你的投资的故事讲得好，大家就自愿把钱投给你，我希望沈阳要发挥自己的优势，创业团队将来能在沈阳培育哪吒企业。

新场景是新经济的起点。硅谷出了很多本书，有一本书叫《未来呼啸而来》，它讲的就是新经济呼啸而来，场景创新和过去旧创新不一样，它的基本逻辑是改变世界。“十四五”规划指明数字成为生产力要素，数字驱动的企业是新物种，数字驱动的产业是新赛道，数字驱动的技术就是场景创新，数字驱动的管理是新治理。这四个新是新经济的四大核心。今天邀请到的十几家新物种企业，是数字驱动的，基本做到了每年翻一番，为什么这么快？因为数字成为生产要素，它呈现出边际成本为零，且越用越多，它的基本特征是“爆发成长”。有的企业年增长一年一倍，甚至有的年增长一年十倍，现在说创业企业经过五六年一上市就出现了一万亿元以上市值，这是新的机会。我也希望呢，沈阳能抓住机会，做好这件事。

（二）场景的核心：创意、小切口、爆发、新治理

为什么先是创意？创意不是需求，创意是改变世界。创意是来自想象力，是做过去人们没想到的事，比如滴滴出行、无人支付这些场景全都是在它们诞生前无人想象到的需求，是创业者去创造的新的生产生活方式。

小切口是指改变世界，是从一个个很小的地方出发。这次疫情之后，中国的非接触成了全世界的创新创业中心，围绕非接触的机器人，我们沈阳也有企业，可以验证小切口足以改变世界。小切口创新不是什么都干，它和原来的创新不一样，和传统的研发转化不一样，上来就是围绕改变世界的生活和生产的某一关键问题而做。

衡量创业者的创意和小切口有没有成功，最重要的是看它有没有实现爆发。纵

看中国科技创新的历史演进，中国改革开放之初是大型研究所创新，后来是大企业创新，现在是创业者成为创新的主力军。各大企业也要拥抱新经济企业，开放自身所处的行业场景，让新经济企业来你这个平台共同搞创新，最终实现新物种、新赛道的爆发成长。

最后是新治理。将来我们能不能做好新治理，这是一个重大课题。我们要去发布别人没有的，适合新物种企业成长的制度。我们原来经过几十年建立起来的制度，全都是条条块块分割、以行业管理为主，现在需要跨界的新制度。现在在跨界制度创新走在前面的有贵阳的大数据、银川的“互联网+医疗”，他们都是因跨界制度创新而形成了新经济企业扎堆。从一个地区出发，去寻求中央的政策支持很难，但沈阳有独特的优势，我们就要做跨界的制度创新，只有这个创新，才能让新物种更愿意到沈阳来。

（三）我对沈阳打造东北新场景第一城的建议

今天我们召开的发布会，可以说是发布、对接、揭榜，3件事情都干了，但是这只是说我们沈阳做了新场景的一小部分工作，下一步要学习上海、北京和深圳，把新场景工作扎实推进。我也希望场景大会之后，沈阳在3大方面突破，一是城市治理，二是产业促进，三是文化创意，尤其是吃喝玩乐中的乐，要做出一些能改变世界的场景。此外，沈阳很多大企业有很多产业背景的场景，我希望沈阳能在大企业平台上利用开放的场景，在孵化新物种层面培育出自己独特的东西。

总的来说，当前我们沈阳能在新经济方面走在全国前列，至少在东北远远走在前列，今后则要看结果。新经济看结果就是出现若干个千亿级的企业，出现GDP加快增长速度，过万亿元，而且过两万亿元，我们的沈阳就恢复了英雄城市的气概。

场景驱动创新　领航新经济时代发展

——在西部（重庆）科学城首届场景大会上的演讲

2021 年 8 月 25 日，我在重庆国际博览中心参加了西部（重庆）科学城首届场景大会，做了主题为“场景驱动创新　领航新经济时代发展”的演讲，包括 3 个部分：①新经济治理新模式；②新经济核心是新场景；③新场景的关键在创意、小切口、商业爆发、新治理。

（一）新经济治理新模式

这是我今年参加的第二场场景大会。这次来到重庆，感受变化最大的就是西部科学城的建立，在我看来这是中国第一个跨区域属性的区域科技创新中心。如今，在全国各地争做科学城、争做区域科技创新中心的背景下，西部（重庆）科学城一定会成为各地争先拜访、学习的先进典范。

西部科学城未来发展过程中的重要着力点有两个方面：一是探索新经济下的新治理模式，二是发挥新治理中智库支撑作用。为什么是这样呢？第一，新经济生态要求探索与新物种企业发展相匹配的新治理体系，要分类制定监管规则和标准，开展差异化动态化监管，为新物种企业打造良好发展环境；第二，新经济生态发展需要有长期研究、持续跟踪新物种企业发展的新经济智库，为社会各界提供了解新物种企业，宣传新物种的认知新理念、新视角。

（二）新经济核心是新场景

8 月 25 日早上 5 点我就起床了，提前做了一些功课。我发现成都高新区是全国注册企业数量第二的高新区，重庆高新区则是全国新增注册企业数量第二的高新区，这两个数据非常重要，说明成渝地区已初步生长出我国经济第四极的萌芽。新经济的起源在创业，如今创业已不是过去的创业，是围绕新场景发展新经济的创业，也是围绕在新场景周边的创业。所以，今天西部（重庆）科学城举办首届场景大会，我认为开得非常及时，通过此次大会能够让更多的创业者、新物种企业、新创办企业共同参与到西部（重庆）科学城新经济建设中来。

说到新场景，最近长城所做的一个场景体系报告，共有 5 个方面、8 个技术，基本上形成了480个场景。在疫情之前，我国大概有无人支付等10个场景是世界引领的，到现在已经有480个世界引领的场景，而且我们的场景不是关起门来自己搞，而是充分让新物种企业、新创办的企业一起办，所以在这次的场景大会上能够见到这么多企业家代表，我认为是一个非常好的现象。

（三）新场景的关键在创意、小切口、商业爆发、新治理

为什么现在北京、上海、深圳都这么重视场景创新？因为场景资源已经成为最稀缺的资源，成为城市吸引各种前沿技术落地的竞争焦点。我理解的场景是数字经济时代兴起的新生事物、新场景面向真实市场需求，运用商业化机制，以企业为主体，政府参与统筹各类创新资源，实现技术突破和商业爆发，其核心要义是由“创意+小切口+商业爆发+新治理”四大关键点组成的。

第一，创意。场景不是对所有的需求都加以满足，而是以独特新创意为导向，是新创意和新技术的结合。

第二，小切口。场景中小切口意味着我们不是“摊煎饼式创新”，而是从“小切口”入手解决大问题，场景具有改变世界的作用，做场景就是以前没有这个事，现在重新创造这个事，就需要找到精准的切入口。

第三，商业爆发。场景中商业爆发不是停留在技术应用示范，而是商业和技术融合后快速迭代直至爆发成长，商业的爆发必然会涌现一批瞪羚、独角兽企业。

第四，新治理。新场景能够实现商业爆发的重要因素，涉及跨界问题，因此需要通过新治理建立符合场景创新特征和规律的新规则。我希望重庆依托西部科学城新治理的优势，尽快出台关于新治理方面的政策文件。

最后，希望重庆依托西部（重庆）科学城平台，加快推动自主创新，持续完善新治理体系，打造具有全国影响力的科技创新中心核心区。

关于国内场景创新几大误区的思考与建议

2022 年 4 月 25 日，长城所组织召开了一场场景产品打磨会，重点围绕地方城市如何做场景清单开展了深入讨论。我在会上提出了当前国内场景创新工作的三大误区：一是场景清单发布重数量、轻质量；二是场景内容以当前的需求和项目为导向，缺乏创意；三是场景创新主体仍然偏向传统大企业。

近年来，场景成为培育新经济的新抓手，很多城市都在积极开展场景探索，如发布场景清单，开展场景大会，组织场景对接等。长城所在 2017 年就关注到了场景创新这一理念，在场景创新理论和服务中开展了大量研究和实践。我认为在各地的场景工作探索中还存在几大明显误区，制约着场景价值的进一步发挥。

（一）国内场景工作的三大误区

经过几年的观察，场景促进创新已成为普遍共识，但是在场景创新工作具体实践中，我认为还存在三大误区。

第一，场景清单发布重数量，轻质量。场景清单已经成为各地抓场景工作的重要抓手，但是各地对场景清单的理解还存在很大差异。有的发布场景机会，有的发布示范项目，有的注重精炼打磨，有的动辄发布几千几百个场景，数量很多，但是质量参差不齐。我认为场景清单的核心在于发布场景机会，数量在精不在多，每一个场景机会都要聚焦一个“小切口”问题，做精准聚焦，通过小问题带动大创新。

第二，以当前的需求和项目为导向，缺乏创意。很多人认为场景机会就是政府部门当前马上就要干的重大项目，这种认知是错误的。做场景清单，核心是要开发想象力，没有想象力的场景是没有意义的。场景不是现做现卖，不能将大项目落地当作场景标准，场景机会一定是未来导向型的，面向未来 5 年甚至 10 年谋划，持续滚动创新，每年都进行强化。

第三，场景创新主体偏向传统大企业。很多地方认为传统大企业是场景创新的主体，但实际上场景创新的一般规律是传统大企业与新经济企业联合创新，即由大企业开放场景机会，新经济科技企业才是场景创新最活跃的主体。我跟很多新经济科技企业创业者聊天，发现他们很多都具有强大的想象力，能够提出改变世界的伟大创意，并通过市场化生态资源的组织，快速实现商业和技术的大爆发。

（二）对各地推进场景创新工作的建议

为了更好地帮助地方在科技创新、产业培育、城市建设过程中，树立场景创新思维，用好场景创新方法，长城所基于大量研究与实践，提出了一套系统的方法论与工具。我建议大家可以从以下几方面切入推进场景创新工作。

关注新物种企业场景创新实践。新物种企业是场景创新最重要的主体，他们提出了很多颠覆性的场景创意，也最需要场景落地的机会和资源。长城所曾经提出了改变世界的十大场景，如无人支付、共享出行、在线直播、智能化诊疗等，它们都由场景小切口逐渐演变成了千亿级的新赛道。现在我们建立了新物种企业场景创新库，纳入了 1000 多家新物种企业的场景创新实践，他们代表了当前中国新经济的创新趋势。各地开展场景创新工作的核心，就是要面向新物种企业的场景需求主动谋划场景机会的供给，让新物种在场景中落地，帮助新物种企业成长，进而实现新赛道培育。

发布各具特色的场景机会清单。从各地实践来看，发布场景机会清单是启动场景创新工作的第一步。场景机会的挖掘是一项系统性工作，长城所结合多年的场景创新服务实践，总结出了一套成熟的场景机会清单方法工具，目前应用在合肥、重庆、天津、厦门等很多城市。各地发布场景机会清单一定要结合地方资源禀赋与城市特色，从城市、产业、科研等不同领域，挖掘场景机会，面向新物种企业的场景需求发布各具特色的场景机会清单。

开展常态化场景创新对接。目前很多城市做场景只是单纯的发布场景清单，但是场景创新工作，不应止于清单的发布，还要将场景落地。场景落地的关键在于场景业主方与技术方面的精准交流与匹配，地方政府在场景工作中应该建立常态化的场景对接工作机制，搭建场景供需交流平台，帮助场景需求方与供给方开展交流，促进场景创新工作落地。

培育场景爆发性的企业。找到高价值场景，就能够成功地引爆新物种企业，很多独角兽企业爆发都是找到了能够引爆的高价值场景，如能链集团的职业司机低价加油场景、爱泊车的路侧智慧停车场景等。长城所非常关注新物种企业场景爆发的培育，提出了以创意、小切口、大赛道、简单、爆发为核心的企业场景爆发模型，帮助很多创业企业做了场景打磨，取得了很好的效果。建议各地在新经济企业培育中要用好场景方法，开展场景培育，帮助有潜力的企业找到高价值场景。

组织城市创新场景大会。城市场景大会是加速场景工作共识、展示地方场景创新成效、促进场景各类主体交流合作很好的平台。去年以来，长城所在沈阳、重庆等地联合地方相关部门共同举办了城市场景大会，都取得了非常好的效果，帮助地方在场景创新上提升了品牌影响力，也为很多新物种企业到地方开展场景创新提供了很好的交流和对接渠道。建议有条件的城市都应该以场景为主题组织创新峰会，这对于提升城市品牌与形象、完善场景创新生态、吸引新物种企业落地都具有非常好的带动作用。

场景，未来创新的驱动力（全国场景大会发言）

——在合肥全国场景创新大会上的演讲

2022 年 9 月 20 日，我参加了“2022 中国（合肥）首届场景创新峰会”，发表了以“场景，未来创新的驱动力”为主题的演讲，主要包括 3 个部分：第一，认知升维引领新经济；第二，场景创新改变世界；第三，面向未来的中国场景计划。

（一）认知升维引领新经济

这部分我主要讲为什么疫情后场景这么重要。

认知升维是新经济时代的价值来源。最近，科技部等六部委发布了《关于加快场景创新以人工智能高水平应用促进经济高质量发展的指导意见》，说明中国在新经济方面正走向全球引领。疫情之后，经济增长动力变了，原来的增长动力来自成本降低、科技突破，而现在的经济增长动力来自创新、创意，创意认知成为第一驱动力。对于新一代企业家精神，阐释最好的大多是中国的企业。张一鸣说“认知是第一竞争力”，企业如果缺乏资本或人力，是很容易获取的，但是认知不容易获取，认知是企业家在反复试验和持之以恒的探索中找到的。马云也是一个具有超强认知能力的人，反复强调“因为相信，所以看见”，这是新一代企业家的主要精神。国外的埃隆·马斯克、乔布斯、贝索斯等企业家也都具有超前的认知格局，都创造了市值排名世界前十的企业。新经济时代，认知成了第一生产力，不仅企业家是这样，政府官员更是这样，如合肥，这座城市在认知方面走在了全国各个城市的前面，用高认知格局驱动创新，具有很强的吸引力。

中国发展新经济具有独特优势。疫情之后，我国进入了新经济时代，我国发展新经济的优势在于数据多、场景多、新物种企业多、人工智能芯片多。当前，我国数据走到了新的阶段——计算的硬化，即把计算能力变成了芯片，且包含经济发展方方面面，我希望合肥能在人工智能芯片方面走在全国前面，引入昆仑芯科技等平台企业，引导创新企业在平台上做芯片研发。

新场景是新物种诞生及新经济的起点。新经济基本上是由场景打造出来的。现在这个阶段，随时随地都有场景，这是因为数据驱动，场景就有了爆发的可能，一个新场景爆发了，就打造了新物种企业，一个新场景多次爆发，就有了新赛道。对于合肥来说，应该抓的就是新场景、新赛道、新治理。

（二）场景创新改变世界

这部分我主要讲如何构建场景创新生态。

新物种企业是场景创新的主体。新物种企业是当前场景创新最活跃的主体，很多改变世界的伟大场景，都是由新物种企业产生和实践的，典型例子有强脑科技、水滴公司、本源量子等，我重点说一下水滴公司。水滴公司打造了个人大病网络求助服务平台“水滴筹”，一开始没有意识到该平台会有这么大的爆发力和影响力，现在已经做了 5 年，每年筹款 500 亿元，而且打法也很超前，让各级政府领导都很吃惊。

企业的爆发式成长取决于找到高价值场景。我们长城战略咨询在干的就是帮助新物种企业找到有价值的场景，很多新物种企业有十多个场景探索，但是不能都干，要摒弃掉纯科学研究、纯项目的场景。以合肥为例，城市不是给企业提供一个场景，而是要促成场景在城市里爆发。现在可以这样讲，全世界能把场景作为一个城市主动力的不多。因为美国、欧洲等地经济生态圈里没有政府，而我们中国最大的优势就在于，政府也在生态之中起作用。

构建场景创新生态的三大抓手。构建场景创新生态共有三大抓手，一是政府要做场景清单。二是生态要做场景对接。三是企业要做场景打磨。现在长城战略咨询在场景打磨上花了很多精力，我们构建场景创新促进中心的下一步工作方向就是做场景打磨，我们会全力以赴创建更大的团队做场景创新。企业之间构建场景合作，关键在场景的反复打磨，双方能找到一个爆发力的场景，才是合作成功的根本。

（三）面向未来的中国场景计划

建议启动中国场景计划。新经济时代，拥有“全景化”应用场景的城市变得越来越有价值，主动培育和供给场景的能力，成为城市发展新的竞争点。《关于加快场景创新以人工智能高水平应用促进经济高质量发展的指导意见》发布后，科技部就提出了十大场景，国家通过场景创新提升科技创新能力的路径已经逐渐显现，希望我国能在这个变革中走在前面，从国家层面启动国家未来场景计划，谋划超级场景项目。

场景，未来创新的驱动力

合肥是承载“中国场景计划”的首选之城。合肥有科技，用科技创新引领了场景创新，产业转化产生了大量场景需求；合肥有资源，GDP 增速全国第一，城市发展进入了快车道，将释放大量场景资源和机会；合肥有能力，成立了全国首个城市场景创新促进中心，构建了场景创新工作体系和流程。我们也希望合肥能做出改变世界的场景，做出大场景，将来让世界为之震惊。

后　记

“场景，未来创新的驱动力”，这是尊敬的王德禄所长于2019年5月6日在浦江创新论坛上的发言题目。那富有智慧的超前洞察力，让他能够在场景仅仅是少数新经济企业无意识探索的时候，敏锐地捕捉到场景作为一种创新范式，潜藏了十分巨大的价值。他曾说，“场景就是创意”“场景就是爆发”“场景创新的主体是新经济企业”，这些论断直接却如此富有洞察力，寥寥词句却道出了场景最重要的特征。

他虽然已经离我们而去，但是他的思想和观点却一直指引着我们对于场景的研究和探索。我们深知本书难以尽数王所长那生动而富有哲理的观点，因此附上了若干篇他关于场景的演讲记录和文章，供读者参考。

本书源自于长城战略咨询研究成果和实践的总结，是所有参与者共同的智慧成果。其中一些参与者在本书成稿中发挥了重要作用，需要特别提及：黄波，长城战略咨询场景研究中心主任，是本书的主要执笔人；朱志华，场景研究中心副主任，她对于场景创新的理论体系构建，以及场景工作方法论的形成，发挥了关键的作用；党好是另一位场景研究中心的副主任，同时也是长城战略合肥公司的负责人，她让场景创新成为合肥的新名片；赵慕兰和王瑛，如果没有她们作为长城战略咨询专家近乎苛刻的要求，场景创新方法将无法系统化。

此外，还有许多重要的参与者，需要一并提及并致谢：莫祯贞、周桂新、刘湘天、胡玥利、夏敏璇、李洋、贺世节、周雪、顾兵、徐王忠、杜敏等，他们的工作在场景创新理论的构建和服务落地的不同阶段发挥了重要的作用。这个名单无法一一列举，因为我们在场景研究、实践，以及完成本书的过程中获得了许多关心场景的领导、客户、专家和同人的支持，没有他们的支持，我们无法达到目前的水平，在此一并致谢。

最后，我们希望通过长城战略咨询不懈的研究和实践，能够将场景创新发展成为系统的创新方法，能够给新经济带来更加广阔的发展空间。

黄　波

2024 年 4 月 11 日